2021
经济形势与政策导读

河北省社会科学院 编

中国财经出版传媒集团
中国财政经济出版社

图书在版编目（CIP）数据

2021·经济形势与政策导读／河北省社会科学院编． ——北京：中国财政经济出版社，2021.10
　ISBN 978 – 7 – 5223 – 0806 – 7

　Ⅰ. ①2… Ⅱ. ①河… Ⅲ. ①中国经济 – 经济发展趋势 – 研究 ②中国经济 – 经济政策 – 研究　Ⅳ. ①F120

　中国版本图书馆 CIP 数据核字（2021）第 193310 号

责任编辑：马　真　　　　　　　　责任校对：张　凡
封面设计：李俊良　　　　　　　　责任印制：党　辉

中国财政经济出版社 出版

URL：http://www.cfeph.cn

E – mail：cfeph@cfeph.cn

（版权所有　翻印必究）

社址：北京市海淀区阜成路甲28号　邮政编码：100142
营销中心电话：010 – 88191522
天猫网店：中国财政经济出版社旗舰店
网址：https://zgczjjcbs.tmall.com
北京财经印刷厂印刷　各地新华书店经销
成品尺寸：185mm×260mm　16 开　14.25 印张　195 000 字
2021 年 10 月第 1 版　　2021 年 10 月北京第 1 次印刷
定价：65.00 元
ISBN 978 – 7 – 5223 – 0806 – 7
（图书出现印装问题，本社负责调换，电话：010 – 88190548）
本社质量投诉电话：010 – 88190744
打击盗版举报热线：010 – 88191661　　QQ：2242791300

2021·经济形势与政策导读编辑委员会

主　任：康振海

副主任：袁宝东

编　委：刘来福　郑英霞　张　艳　赵向东　秘斯明

前　言

　　为深入学习、宣传、贯彻党的十九大和十九届二中、三中、四中、五中全会及全国两会精神，帮助广大干部群众了解和把握当前经济形势与经济政策，针对当前我国经济发展中出现的一些热点、难点和焦点问题，我们组织有关专家编写了《2021·经济形势与政策导读》。

　　本书在编写过程中，以习近平新时代中国特色社会主义思想为指导，力求用通俗易懂的大众语言，生动形象地分析当前经济形势，阐释重大经济政策，并结合河北实际，对推动河北经济发展提出一些建设性意见和建议，使之具有较强的现实性和针对性。本书是广大干部群众深入了解当前经济形势、准确把握国家和河北省经济政策以及组织开展形势政策教育的重要辅助教材。

目 录

人民满意　世界瞩目
——"十三五"时期我国经济社会发展的历史性成就 / 1
一、经济高质量发展迈出坚实步伐 / 2
二、脱贫攻坚战取得全面胜利 / 4
三、经济结构持续优化 / 6
四、创新型国家建设成果丰硕 / 7
五、生态环境明显改善 / 10
六、城乡区域发展协调性明显增强 / 12
七、人民生活水平显著提高 / 13
八、全面深化改革取得重大突破 / 15
九、全方位对外开放持续扩大 / 17

三个"新"
——"十四五"时期经济社会发展的战略导向 / 20
一、准确把握新发展阶段 / 20
二、深入贯彻新发展理念 / 26
三、加快构建新发展格局 / 29

高质量发展
　　——"十四五"乃至更长时期我国经济社会发展的主题 / 36
　　一、推动高质量发展的根本目的 / 37
　　二、把握高质量发展这一根本要求 / 38
　　三、高质量发展必须坚持系统观念 / 49

 加快培育完整内需体系
　　——畅通国内大循环、促进国内国际双循环 / 52
　　一、畅通国内大循环 / 52
　　二、促进国内国际双循环 / 58
　　三、加快培育完整内需体系的主要任务 / 63

 关键时刻不能掉链子
　　——优化和稳定产业链供应链 / 71
　　一、产业链供应链安全稳定是构建新发展格局的基础 / 72
　　二、增强产业链供应链自主可控能力 / 76
　　三、打造新兴产业链 / 83

 科技自立自强
　　——促进科技创新与实体经济深度融合 / 90
　　一、企业技术创新能力建设成效显著 / 91
　　二、科技创新的重大意义 / 92
　　三、科技创新面临的机遇与挑战 / 96
　　四、促进科技创新与实体经济深度融合 / 97

建立健全长效机制
——推动脱贫攻坚与乡村振兴有效衔接 / 107

一、脱贫攻坚取得全面胜利 / 108

二、着力巩固拓展脱贫攻坚成果 / 109

三、推动脱贫攻坚与乡村振兴有效衔接的重大意义和总体要求 / 111

四、聚力做好脱贫地区巩固拓展脱贫攻坚成果同乡村振兴有效衔接重点工作 / 115

稳住农业基本盘
——抓好农业生产和乡村建设 / 124

一、提升粮食和重要农产品供给保障能力 / 124

二、扎实推进乡村建设 / 132

稳中提质
——塑造国际经济合作和竞争新优势 / 138

一、坚定不移推进新时代对外开放 / 138

二、建设更高水平开放型经济新体制 / 145

三、推动共建"一带一路"高质量发展 / 151

四、积极参与全球治理体系改革和建设 / 156

10 统筹发展和安全
——强化国家经济安全保障 / 161

一、总体国家安全观与经济安全 / 161

二、"十三五"时期我国经济安全形势总体稳定 / 166

三、新发展阶段我国经济安全面临新情况新挑战 / 169

四、"十四五"时期强化国家经济安全保障的主要举措 / 174

11 碳达峰、碳中和
——加快发展方式绿色转型 / 179

一、深入理解做好碳达峰、碳中和工作的重要意义 / 179

二、加快发展方式绿色转型面临的形势 / 185

三、发展方式绿色转型的问题和短板 / 188

四、加快发展方式绿色转型的主要任务 / 192

12 "三重四创五优化"
——推动河北省"十四五"经济社会发展开好局起好步 / 197

一、"十四五"时期河北省发展面临的新形势、新要求 / 198

二、深刻认识开展"三重四创五优化"活动的背景和意义 / 200

三、准确把握"三重四创五优化"活动的丰富内涵 / 203

四、切实推动"三重四创五优化"活动取得扎实成效 / 212

后 记 / 215

1 人民满意 世界瞩目
——"十三五"时期我国经济社会发展的历史性成就

"十三五"时期是全面建成小康社会决胜阶段。面对错综复杂的国际形势、艰巨繁重的国内改革发展稳定任务,特别是新冠肺炎疫情的严重冲击,在以习近平同志为核心的党中央坚强领导下,各地区各部门统筹推进"五位一体"总体布局、协调推进"四个全面"战略布局,坚持稳中求进工作总基调,坚定不移贯彻新发展理念,坚持以供给侧结构性改革为主线,坚决打好三大攻坚战,推动高质量发展,着力深化改革开放,我国经济社会发展取得新突破,"十三五"规划主要目标指标如期实现,经济实力、科技实力、综合国力和人民生活水平迈上新的大台阶,决胜全面建成小康社会取得决定性成就,为开启第二个百年奋斗目标新征程、实现中华民族伟大复兴中国梦奠定了坚实基础。

一、经济高质量发展迈出坚实步伐

统筹实施积极的财政政策和稳健的货币政策,科学实施区间调控、定向调控、精准调控,以提高经济发展质量和效益为中心,切实转变发展方式、优化经济结构、转换增长动力,培育壮大新动能,我国经济实力显著增强,发展质量稳步提升。

(一)经济实力大幅提升

经济平稳较快增长。"十三五"时期,我国国内生产总值年均增长5.8%,居于主要经济体前列。经济总量迈上新的大台阶。国内生产总值从不到70万亿元增加到超过100万亿元,人均GDP突破1万美元,稳居中等偏上收入国家行列,与高收入国家发展差距继续缩小。经济总量上,同样河北省也是连续迈上新台阶,从2017年经济总量3万亿元,到2019年全省生产总值达到35104.5亿元。社会生产力水平持续提升,2020年,我国粮食总产量连续6年稳定在1.3万亿斤以上,制造业增加值连续11年居世界首位,220多种工业产品产量居世界第一。

(二)经济效益不断改善

生产效率持续提升。按2015年价格计算,2020年全员劳动生产率提高到11.8万元/人,比2015年提高32.2%,年均提高5.7%。企业利润增加。2020年,规模以上工业企业利润总额达64516亿元。农民工收入较快增长。2020年,农民工月均收入为4072元,比2015年增长32.6%。财政实力不断增强。2020年,全国一般公共预算收入182895亿元,比2015年增长20.1%,年均增长3.7%。单位GDP能耗继续下降。"十三五"时期,单位GDP能耗年均下降2.8%。

(三）新动能蓬勃发展

市场主体活力不断迸发。2020年，新登记市场主体2502万户，年末市场主体总数达1.4亿户，比2015年年末增长80%。民营企业是新动能发展的重要主体。在党中央和国务院高度重视下，我国民营企业迎来全新的发展机遇。除了企业税费负担继续减轻之外，民营企业融资难融资贵的问题将通过改革和完善金融机构监管考核和内部激励机制、扩大金融市场准入、拓宽民营企业融资等途径加以解决，符合经济结构优化升级方向、有前景的民营企业将获得必要财务救助；各种各样的"卷帘门""玻璃门""旋转门"将逐步被打破，政府将在市场准入、审批许可、经营运行、招投标、军民融合等方面，为民营企业打造公平竞争环境。在新的环境下，民营企业此前被抑制的创造活力和创新能力必将得以快速释放。"三新"（新产业、新业态、新模式）经济规模持续扩大。

新消费是新动能发展的重要推手。我国政府顺应居民消费升级趋势，陆续出台了一系列促进新消费的政策举措，随着时间推移，这些政策效应将逐步显现。服务消费将持续提质扩容，体育与旅游、健康、养老等融合发展将形成体育消费新业态。在全面放开养老服务市场的情况下，健康养老家政消费将出现多样化、专业化、规模化、网络化、规范化发展趋势。消费者体验、个性化设计、柔性制造等相关产业正在加快发展，定制消费、体验消费、时尚消费将成为持续热点。高端信息消费将纷纷试水，可穿戴设备、超高清视频终端、智慧家庭产品等新型信息产品，以及虚拟现实、增强现实、智能汽车、服务机器人等前沿信息消费产品，将走进越来越多的家庭。实物商品网上零售额占比持续提高。2020年，实物商品网上零售额97590亿元，占社会消费品零售总额的比重为24.9%，比2015年提高13.6个百分点；完成快递业务量833.6亿件，比2015年增长3.0倍。电子商务向广大农村地区延伸覆盖，畅通城乡双向联动销售渠道，线下产业发展平台和线上电商交易平台结合，消费新业态新模式向农村市场拓展。超大规模市场优势逐步显现，社会消费品零售总额稳居世界第一，货物进出口总额居世界第一，实际使用外商直接投资再创历史新高。

二、脱贫攻坚战取得全面胜利

党的十八大以来，党中央把脱贫攻坚摆在治国理政的突出位置，把脱贫攻坚作为全面建成小康社会的底线任务。2012年冬，习近平总书记冒严寒、踏冰雪，深入阜平县骆驼湾村和顾家台村考察扶贫工作，在这里，总书记发出了脱贫攻坚的进军令，组织开展了声势浩大的脱贫攻坚人民战争。"只要有信心，黄土变成金"。党和人民披荆斩棘、栉风沐雨，发扬钉钉子精神，敢于啃硬骨头，成功走出了一条中国特色扶贫开发道路，创造了人类减贫史上的中国奇迹。

（一）现行标准下农村贫困人口全部脱贫

"十三五"时期，现行标准下5575万农村贫困人口全部脱贫，完成了消除绝对贫困的艰巨任务。党的十八大以来，9899万农村贫困人口实现脱贫，直接推动全球贫困人口总量显著下降，对全球减贫贡献率超过70%；平均每年1000多万人脱贫，相当于一个中等国家的人口脱贫。我国提前10年实现《联合国2030年可持续发展议程》减贫目标，赢得国际社会广泛赞誉。

（二）区域性整体贫困得到解决

聚焦贫中之贫、坚中之坚，所有深度贫困地区的最后堡垒被全部攻克，832个贫困县全部摘帽，12.8万个贫困村全部出列，区域性整体贫困得到解决。建档立卡贫困人口人均纯收入由2015年的2982元增加到10740元，年均增幅达29.2%。贫困群众收入水平和生活质量显著改善，全部实现"两不愁三保障"，脱贫群众不愁吃、不愁穿，义务教育、基本医疗、住房安全有保障。易地扶贫搬迁建设任务胜利完成，累计建成集中安置区约3.5万个、安置住房266万套，960多万人"挪穷窝"，摆脱了闭塞和落后，搬入了新家园。

高端声音

2021年2月25日，习近平总书记在全国脱贫攻坚总结表彰大会上明确指出：贫困地区发展步伐显著加快，经济实力不断增强，基础设施建设突飞猛进，社会事业长足进步，行路难、吃水难、用电难、通信难、上学难、就医难等问题得到历史性解决。义务教育阶段建档立卡贫困家庭辍学学生实现动态清零。具备条件的乡镇和建制村全部通硬化路、通客车、通邮路。新改建农村公路110万公里，新增铁路里程3.5万公里。贫困地区农网供电可靠率达到99%，大电网覆盖范围内贫困村通动力电比例达到100%，贫困村通光纤和4G比例均超过98%。790万户、2568万贫困群众的危房得到改造，累计建成集中安置区3.5万个、安置住房266万套，960多万人"挪穷窝"，摆脱了闭塞和落后，搬入了新家园。许多乡亲告别溜索桥、天堑变成了通途，告别苦咸水、喝上了清洁水，告别四面漏风的泥草屋、住上了宽敞明亮的砖瓦房。千百万贫困家庭的孩子享受到更公平的教育机会，孩子们告别了天天跋山涉水上学，实现了住学校、吃食堂。28个人口较少民族全部整族脱贫，一些新中国成立后"一步跨千年"进入社会主义社会的"直过民族"，又实现了从贫穷落后到全面小康的第二次历史性跨越。所有深度贫困地区的最后堡垒被全部攻克。

坚决贯彻落实习近平总书记重要指示精神，河北省委、省政府团结带领全省干部群众找准症结、精准发力，有针对性地采取产业扶贫、就业扶贫、科技扶贫、易地搬迁等措施，全省62个贫困县全部摘帽，7746个贫困村全部出列，历史上首次消除区域性整体贫困。河北省区域性整体贫困得到根本解决。

（三）脱贫地区整体面貌发生历史性巨变

贫困地区发展步伐显著加快，基础设施建设突飞猛进，具备条件的乡镇和建制村全部通硬化路、通客车、通邮路，现行标准下贫困人口饮水安全问题得到全面解决，农网供电可靠率达到99%，大电网覆盖范围内贫困村通动力电比例达到100%，贫困村通光纤和4G比例超过98%。贫困地区特色产业不断壮大，产业扶贫、消费扶贫、电商扶贫、光伏扶贫、旅游扶贫等较快发展，以工代赈政策作用充分发挥。2000多万贫困患者得到分类救治，曾经被病魔困扰的家庭挺起了生活的脊梁。近2000万贫困群众享受低保和特困救助供养，2400多万困难和重度残疾人拿到了生活和护理补贴。110多万贫困群众当上护林员，守护绿水青山，换来了金山银山。

三、经济结构持续优化

"十三五"时期，我国持续推进供给侧结构性改革，经济结构持续优化。消费成为经济增长主引擎，供给体系的适应性和灵活性不断增强，为中国经济高质量发展提供了有力支撑。

（一）供给侧结构性改革不断深化

钢铁、煤炭等重点行业去产能目标完成，一批落后产能和僵尸企业出清，重点行业供求关系发生明显变化，传统产业加快转型升级。结构性去杠杆稳步推进。企业制度性交易成本和生产经营成本不断降低。教育、卫生、生态环境等短板领域投资力度加大。"十三五"时期，新增减税降费规模超过7.6万亿元。2020年，规模以上工业企业每百元营业收入中的成本比2015年减少1.3元。

（二）产业结构调整优化

三次产业增加值比重调整为 7.7:37.8:54.5。农业现代化稳步推进，主要农作物良种实现全覆盖，累计建成高标准农田 8 亿亩，农作物耕种收综合机械化率超过 70%，粮食年产量连续稳定在 1.3 万亿斤以上。制造强国战略深入实施，高技术制造业、装备制造业、战略性新兴产业增加值年均分别增长 10.3%、8.4%、9.5%。产业数字化智能化转型明显加快，规模以上工业企业生产设备数字化率、关键工序数控化率、数字化设备联网率分别达到 49.9%、52.1%、43.5%。服务业拉动作用日益凸显，信息传输、软件和信息技术服务业增加值年均增速高达 20.7%。

（三）国内需求不断拓展

积极构建扩大内需的长效机制，消费基础性作用有效发挥。超大规模市场释放的巨大消费潜力，为中国经济高质量发展提供了有力支撑。2016~2019 年，最终消费支出对经济增长的年均贡献率为 61.1%，高于同期资本形成总额 21.8 个百分点，比"十二五"时期高 1.8 个百分点。最终消费支出占国内生产总值比重由 2015 年的 53.7% 上升到 2019 年的 55.8%，提高 2.1 个百分点。消费结构持续升级。2020 年，我国居民恩格尔系数为 28.2%，连续 8 年下降，文旅、体育、健康、养老、家政、信息等服务消费持续提质扩容。服务消费增速快于商品消费、乡村消费增速快于城镇消费……消费市场上的新模式、新热点，进一步拓展了消费增长空间。投资优化供给结构作用显著。2020 年，高技术产业、社会领域投资占固定资产投资（不含农户）比重分别为 7.9%、5.3%，分别比 2015 年提高 2.0、1.7 个百分点。

四、创新型国家建设成果丰硕

坚持科教兴国人才强国战略，深入实施创新驱动发展战略，科技体制和治理改革更加深化，创新体系更加健全，创新环境更加优化，形成了科技对经济发展、民生改善、国家安全等各方面有力支撑的局面，创新发展理念深入人心，创新引领作用显著增强，创新型国家建设成果丰硕。

（一）科技创新能力实现"新跃升"

系统推进基础研究和关键核心技术攻关，科技创新能力实现"新跃升"。在量子信息、铁基超导、干细胞等方面取得原创成果，高速铁路、关键元器件和基础软件研发取得积极进展，涌现了"悟空"、"墨子"、"嫦娥五号"、"奋斗者"号、"天问一号"、量子计算原型系统"九章"等一批国之重器。加快建设国家实验室，重组国家重点实验室体系。首批国家实验室挂牌成立，综合性国家科学中心建设全面加速。

（二）科技成果形成高质量发展"新动能"

全方位推动科技成果进入经济社会主战场，形成高质量发展"新动能"。重大专项引领重点产业跨越发展，移动通信、新药创制、核电等取得重大成果。科技为5G规模化应用、港珠澳大桥等重大工程提供保障。北斗导航卫星全球组网，新能源汽车、人工智能等加快应用，高新技术企业突破20万家。北京、上海、粤港澳国际科技创新中心，21家自创区和169家高新区等推动形成一批创新增长点、增长带、增长极。科技支撑打赢脱贫攻坚战取得重大进展，实现科技特派员对建档立卡贫困村科技服务和创业带动的全覆盖。2020年科研助理岗位吸纳高校毕业生就业16.7万人。

（三）科技人才快速发展形成"新态势"

统筹提升科技人才队伍的规模与质量，形成人才快速发展"新态势"。科技人才队伍持续壮大，研发人员总量稳居世界首位。2019年，按折合全时工作量计算的全国研发人员总量为480.1万人年，比2015

年增长27.7%，连续7年稳居世界第一。国家科技计划、重点实验室加大对青年人才等的支持力度，例如，2016~2020年，支持青年科学家项目共计235项，涉及国拨经费8.74亿元，平均支持强度372万元；"十三五"期间，国家重点研发计划在基础领域和社发领域的纳米科技、合成生物学、数字诊疗装备研发等8个重点专项中设立青年科学家项目。科技领军人才和创新团队加快涌现，一批优秀科学家荣获物理学菲列兹奖等国际重要奖项。实施统一的外国人才来华工作许可和签证制度，办理外国人才工作许可近65万张。

（四）科技体制改革形成创新创业"新生态"

科技计划管理、成果转化、资源开放共享等初步实现改革目标。推进"揭榜挂帅"首批试点。设立科创板，打通科技、产业、金融连接通道。实施科研人员减负行动，"破四唯"（唯论文、唯职称、唯学历、唯奖项）在重点领域全面展开。落实关于加强科研诚信和作风学风等系列文件，科技界作风学风出现积极转变。

（五）科技开放合作迈出主动布局"新步伐"

习近平总书记在2018年两院院士大会上强调："不拒众流，方为江海。自主创新是开放环境下的创新，绝不能关起门来搞，而是要聚四海之气、借八方之力。"积极融入全球创新网络，与多个国家建立创新对话机制，同50多个国家和地区开展联合研究。深度参与国际热核聚变实验堆等国际大科学工程。"一带一路"科技创新合作计划支持8300多名外国青年科学家来华工作，建设33家联合实验室。打通中央财政科技计划经费过境港澳的全流程。

（六）科研应急攻关为应对全球共同挑战作出中国"新贡献"

习近平总书记强调："人类同疾病较量最有力的武器就是科学技术，人类战胜大灾大疫离不开科学发展和技术创新。"2020年，面对突如其

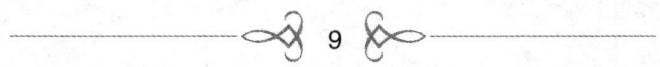

来的新冠肺炎疫情，迅速开展新冠疫情科研应急攻关，动员全国科技系统聚焦临床救治和药物、疫苗研发、检测设备和试剂等方向开展抗疫攻坚。一周内完成病毒基因测序、14 天完成核酸检测试剂研发上市。疫苗研发 5 条技术路线并行推进，7 款进入 Ⅲ 期临床，4 款获批附条件上市。11 种药物或治疗手段进入诊疗方案。参与世界卫生组织 10 个工作组，与美、欧、亚、非、拉美、加勒比等国家地区开展科技抗疫交流合作，分享最新成果，提供中国方案。

五、生态环境明显改善

牢固树立"绿水青山就是金山银山"的理念，加快推进生态文明建设，生态环境保护各项工作取得重要进展，污染防治行动计划深入实施，节能减排扎实推进，可持续发展能力不断增强，环境质量明显改善，生态文明建设成效持续显现。

（一）生态文明建设顶层设计制度体系基本建立

"十三五"时期，"绿水青山就是金山银山"写入党章，建设生态文明写入宪法。中央生态环境保护督察等制度落地见效，实现了 31 个省区市、新疆生产建设兵团的例行督察全覆盖，推动各省份建立环保督察制度。排污许可、生态环境保护综合行政执法、生态环境损害赔偿与责任追究等制度相继出台。生态文明建设目标评价考核、河湖长制、省以下环保机构监测监察执法垂直管理等改革加快推进。推动生态环境法规标准体系建设和重大法治、重大改革紧密融合，推进生态环境损害赔偿制度的改革落地。

（二）污染防治攻坚战阶段性目标胜利完成

坚决打赢蓝天、碧水、净土保卫战，污染防治行动计划实施有力有效。2020 年，全国 337 个地级及以上城市空气质量平均优良天数比例比

2015年提高5.8个百分点，细颗粒物（PM2.5）未达标城市平均浓度下降28.8%，地级及以上城市空气质量优良天数比率达到87%，"大气十条"和蓝天保卫战目标全面实现；碧水保卫战成效显现，全国地表水达到或好于Ⅲ类水体比例比2015年提高17.4个百分点，劣Ⅴ类水体比例下降9.1个百分点，均超额完成"十三五"规划目标；净土保卫战扎实推进，完成农用地土壤污染状况详查，基本实现固体废物零进口目标。

（三）生态系统质量和稳定性不断提升

主体功能区布局和生态安全屏障加快形成，生态保护红线、永久基本农田、城镇开发边界三条控制线划定工作逐步落实。耕地资源得到有效保护，耕地保有量控制在规划目标以内。三江源等10处国家公园体制试点顺利开展。国土绿化行动有序开展。"十三五"时期，新增水土流失综合治理面积30.6万平方公里。目前我国森林覆盖率超过23%，森林蓄积量超过175亿立方米。海洋生态安全屏障进一步巩固，以国家公园为主体的自然保护地体系加快构建。"十三五"时期，整治修复海岸线1200公里左右。2020年年末，全国共有国家级自然保护区474个。

（四）绿色发展方式和生活方式逐步形成

能源消费革命取得突破性进展，能源消费总量控制在50亿吨标准煤以内，单位GDP能源消耗累计下降13.2%，非化石能源占一次能源消费比重提高到15.9%，消费增量60%以上由清洁能源供应，单位GDP二氧化碳排放累计下降18.8%。节能减排成效明显。最严格水资源管理制度和节水型社会建设全面推进，万元GDP用水量累计下降25%，农田灌溉水有效利用系数达到0.56。城市废弃物回收和再生利用体系加快建立，环境基础设施不断完善，城市污水处理率达到96.8%、生活垃圾无害化处理率达到99.2%，农村卫生厕所普及率超过68%，46个重点城市已基本建成生活垃圾分类处理系统。

六、城乡区域发展协调性明显增强

深入实施区域重大战略和区域协调发展战略，协同推进新型城镇化战略和乡村振兴战略，区域发展空间布局持续优化，城镇化水平和质量全面提高，乡村发展新动能加快培育，优势互补、高质量发展的城乡区域发展新格局加快形成。

（一）区域重大战略扎实推进

京津冀协同发展迈出坚实步伐，疏解北京非首都功能有力有序推进。长江经济带发展坚持共抓大保护、不搞大开发和生态优先、绿色发展，生态环境突出问题整改成效显著，长江十年禁渔全面实施。粤港澳大湾区建设稳步推进，支持深圳启动建设中国特色社会主义先行示范区。长三角一体化发展新局面正在形成，公共服务共享水平不断提升，长江经济带地区生产总值471580亿元；长江三角洲地区生产总值244714亿元，增长3.3%。黄河流域生态保护和高质量发展开局起步，一批流域治理和生态环境保护修复重大工程谋划实施。

（二）区域协调发展战略迈出新步伐

持续推动西部大开发形成新格局，采取新的战略举措推动东北振兴取得新突破，健全政策体系促进中部地区加快崛起，强化创新引领推动东部地区率先发展。加大对革命老区、民族地区、边疆地区、贫困地区、资源枯竭地区及老工业基地的扶持力度，区域协调发展新机制加快构建。"十三五"时期，四大板块中，中部、西部地区生产总值年均增长6.4%、6.7%，分别快于东部地区0.3、0.6个百分点。

（三）新型城镇化战略纵深推进

户籍制度改革和居住证制度推进实施，农业转移人口市民化程度不断提升，城区常住人口300万以下城市基本取消落户限制，1亿农业转移人口和其他常住人口在城镇落户目标顺利实现；5年来，各地纷纷取消了农业户口与非农业户口之分，统一登记为居民户口，延续半个多世纪的"农转非"彻底退出历史舞台。目前，31个省（区、市）全部出台居住证实施办法，向未落户常住人口累计发放居住证1.1亿张，常住人口城镇化率超过60%，户籍人口城镇化率预计达到45.4%。城镇化空间格局持续优化，城市群一体化水平不断提高，现代化都市圈建设步伐加快。城市规划建设管理水平不断提升，县城补短板强弱项工作稳步推进，特色小镇规范有序发展。新型城镇化综合试点成效显著，特大镇设市取得突破。

（四）乡村振兴实现良好开局

乡村振兴扎实推进，农村一二三产业融合发展成效显现。农业农村绿色发展扎实推进，化肥、农药使用量实现负增长，农村人居环境整治三年行动目标任务顺利完成。农村基础设施建设提档升级，自来水普及率和集中供水率分别达到83%和88%，新一轮农村电网改造升级提前完成。农村公共服务供给提标扩面，乡村两级医疗机构和人员"空白点"基本消除。农民收入持续较快增长，城乡差距不断缩小。城乡居民人均可支配收入之比由2015年的2.73缩小至2020年的2.56，人均消费支出之比由2.32缩小至1.97。农村土地制度改革稳步推进，城乡融合发展体制机制加快建立。

七、人民生活水平显著提高

坚持以人民为中心的发展思想，坚持在发展中保障和改善民生，千方百计增加居民收入，推进基本公共服务均等化，加快补齐民生领域短板，民生福祉持续增进。在疫情防控的危急时刻，党中央坚持把人民生命安全和身体健康放在第一位，真正落实了"人民至上、生命至上"；

面对复杂的国内外经济形势和疫情带来的冲击，扎实做好"六稳"工作，全面落实"六保"任务，聚焦群众"急难愁盼"，让人民群众获得感、幸福感、安全感不断增强。

（一）居民生活质量显著提升

居民收入增长与经济增长保持基本同步，2020年全国居民人均可支配收入达到32189元，比2010年"翻一番"的目标如期实现，中等收入人群超过4亿，城乡居民收入比由2015年的2.73:1持续下降至2020年的2.56:1。居民消费层次不断提升。2020年，全国居民每百户家用汽车、空调、移动电话拥有量分别为37.1辆、117.7台、253.8部，分别比2015年增长63.4%、44.4%、12.9%；旅游成为日常消费，全国居民人均服务性消费支出占居民人均消费支出比重为42.6%，比2015年提高1.5个百分点。2020年快递业务量达833.6亿件。居民出行更加便利，铁路网对20万人口以上城市覆盖率和高铁网对50万人口以上城市覆盖率分别达到99.1%和91.5%，取消高速公路省界收费站。

（二）公共服务体系加快完善

多层次社会保障体系加快完善，建成世界上规模最大的社会保障体系。全国参加基本养老保险和基本医疗保险人数分别达到9.99亿人和13.6亿人，覆盖91%和95%以上的应保人群。住房保障和供应体系建设稳步推进，住房保障能力不断提升。"十三五"时期，全国各类棚户区改造累计开工超过2300万套，帮助5000多万居民实现安居梦。教育公平和质量较大提升，义务教育有保障的目标基本实现，九年义务教育巩固率达95.2%，高中阶段教育毛入学率达到91.2%，高等教育进入普及化阶段，劳动年龄人口平均受教育年限预计提高到10.8年。公共就业服务体系加快构建，城镇新增就业人数累计超过6500万，对高校毕业生等重点群体和就业困难人员帮扶力度不断加大。基本医疗和公共卫生服务体系进一步完善。2020年年末，医疗卫生机构床位数比2015年年末增长 29.9%。人均预期寿命如期实现规划目标。

（三）文化体育事业繁荣发展

坚持中国特色社会主义文化发展道路，文化事业和文化产业繁荣发展，公共文化服务体系覆盖城乡、惠及全民。文化体制改革进一步深化。国家文化软实力不断增强，中华文化影响力日益彰显。大力发展公共文化服务，覆盖城乡的公共文化体系不断完善，公共文化服务设施加快普及。2020 年年末，全国文旅系统共有公共图书馆、博物馆 3203 个、3510 个，分别比 2015 年年末增加 64 个、529 个。文化产业快速发展。2019 年，全国文化及相关产业增加值占国内生产总值的比重为 4.5%，比 2015 年提高 0.55 个百分点。"欢乐节""中国文化年（节）"等文化品牌活动遍及全球，中华文化影响持续扩大。竞技体育成绩斐然，群众体育蓬勃发展。"十三五"时期，我国运动员共获得 463 个世界冠军。2020 年，全国 7 岁及以上人口中经常参加体育锻炼人数比例达 37.2%。

八、全面深化改革取得重大突破

"十三五"时期是全面深化改革取得决定性成果的 5 年。5 年来，全面深化改革呈现多点突破、蹄疾步稳、纵深推进的生动局面，诸多重要领域和关键环节改革取得了突破性进展，不仅为决胜全面建成小康社会、决战脱贫攻坚提供了有力支撑，也为"十四五"谋篇布局及高质量发展打下了坚实基础。

（一）社会主义市场经济体制不断完善

立法、执法、司法全方位产权保护法治体系初步形成。要素市场化配置改革持续深化，市场化价格机制基本确立，市场定价商品比重超过 97%，利率市场化改革成效显著，设立科创板、改革创业板并试点注册制，主要由市场决定价格的机制基本完善。国资国企改革持续深化，以管资本为主的国有资产监管体制逐步改善。财税体制改革不断深化，营业税改征增值税全面推开，一系列有利于小微企业和民营经济发展的政策措施出台。"放管服"改革不断深入、成效明显，市场准入负面清单制度全面实施，商事制度改革全面推开，我国营商环境国际排名大幅提升。

（二）多领域改革协调推进

坚定不移走中国特色社会主义政治发展道路，以宪法为核心的中国特色社会主义法律体系日趋完善，民法典等重点领域法律相继出台，全面依法治国取得重大进展，社会治理方式不断创新，平安中国建设成效明显，"十三五"时期刑事案件立案数、治安案件查处数大幅下降。总揽全局、协调各方的党的领导制度体系不断健全，党的建设制度和纪检监察体制改革取得历史性突破，党统一领导、全面覆盖、权威高效的监督体系正在形成。全面实施改革强军战略，平战一体、常态运行、专司主管、精干高效的战略战役指挥体系构建完善，人民军队基本实现机械化。文化、社会、生态文明等领域体制改革不断深化。

（三）防范化解重大风险取得积极成效

一批重大风险隐患"精准拆弹"，金融风险处置取得重要阶段性成果，金融行业在规范中发展。金融资本盲目扩张得到根本扭转，2017~2020年，银行业、保险业总资产年均增速仅为2009~2016年年均增速一半左右；银行业累计处置不良贷款8.8万亿元，超过之前12年总和。地方政府违法违规举债得到遏制，债务风险总体可控，2020年年末地方政府债务余额256615亿元，控制在全国人大批准的限额之内。房地产调控长效机制不断完善，房地产市场价格总体稳定。

九、全方位对外开放持续扩大

坚定不移地全方位扩大对外开放,实施一系列重大对外开放新举措,主动参与和推动经济全球化进程,开放范围不断拓展,开放层次明显提高,高水平对外开放新格局加快构建。

(一)开放型经济新体制加快建立

大力推动自由贸易试验区建设,积极发展跨境电商等新型贸易,我国对外贸易规模稳步攀升,贸易大国地位更加巩固。2020年,我国货物进出口总额46463亿美元,位居世界第一,比2015年增长17.5%;服务进出口总额6617亿美元,位居世界第二,增长1.2%。2019年3月,第十三届全国人大第二次会议审议通过了《中华人民共和国外商投资法》,于2020年1月1日起施行。作为新时代中国利用外资的基础性法律,《外商投资法》确立对外商实行准入前国民待遇加负面清单管理制度,外商投资准入限制措施由2015年的93条减至33条,利用外资规模再创历史新高。2020年,我国实际使用外商直接投资近10000亿元,成为全球最大外资流入国。全国自由贸易区增至21个,新设17个自由贸易试验区,海南自由贸易港建设蓬勃展开。浦东开发开放再出发。关税总水平降至7.5%。人民币国际化稳步推进。成功举办中国国际进口博览会和中国国际服务贸易交易会。

(二)共建"一带一路"不断走深走实

加强政策沟通、设施联通、贸易畅通、资金融通、民心相通,我国与"一带一路"沿线国家经贸往来日益活跃,累计同140个国家和31个国际组织签署205份共建"一带一路"合作文件。2020年,我国对"一带一路"沿线国家货物进出口总额9.4万亿元,占货物进出口总额比重提升至29.1%;非金融类直接投资177.9亿美元,占对外直接投资总额的比重提升至16.2%。成功举办两届"一带一路"国际合作高峰论坛，累计签署共建"一带一路"合作文件203份。2018年和2019年，连续举办两届中国国际进口博览会，自主降低关税水平，推动中国在"世界工厂"的基础上形成"世界市场"。2018年以来，中国加大了自主降税的力度。根据商务部研究院发布的《中国开放发展报告2019》，目前中国的贸易加权平均税率只有4.4%，不仅远低于其他发展中国家，而且接近欧盟和美国等发达经济体的水平。第三方市场合作不断拓展，中老铁路、雅万高铁、匈塞铁路、瓜达尔港等重大项目取得积极进展。中欧班列累计开行超过33万列，中欧陆海快线加快形成。河北省也积极融入共建"一带一路"，加快打造内陆开放高地，河北开放的大门越开越大，开放的环境越来越好。

（三）积极参与全球治理体系改革

构建人类命运共同体的理念赢得国际社会普遍认同，二十国集团杭州峰会、金砖国家领导人厦门会晤、上海合作组织青岛峰会、中非合作论坛北京峰会等系列主场外交活动成功举办。积极支持和参与世界贸易组织改革。区域全面经济伙伴关系协定（RCEP）成功签署，中欧投资协定谈判如期完成，中日韩自由贸易协定等谈判积极推进。人民币正式纳入国际货币基金组织特别提款权（SDR）货币篮子，亚洲基础设施投资银行、金砖国家新开发银行等新国际金融机构正式运营。积极推动国际抗疫合作，推进药物、疫苗研发合作和国际联防联控，加强全球公共卫生治理，推动构建人类卫生健康共同体。应对气候变化国际合作持续加强。

综合来看，"十三五"规划实施成效符合预期，解决了许多长期想解决而没有解决的难题，办成了许多过去想办而没有办成的大事，推动经济社会取得全方位、开创性历史成就，发生深层次、根本性历史变革。这些辉煌成就的取得，是以习近平同志为核心的党中央统揽全局、把舵定向的结果，是中国特色社会主义制度优势生生不息、厚积薄发的结果，是全党全国各族人民同心同德、携手奋进的结果，成绩来之不易，需要倍加珍惜。尤为重要的是，"十三五"时期，在推动改革发展的伟大探索和生动实践中，进一步发展和丰富了习近平新时代中国特色社会主义思想，这是推动高质量发展的根本遵循和科学指引。

2 三个"新"
——"十四五"时期经济社会发展的战略导向

仔细研读《中华人民共和国国民经济和社会发展第十四个五年规划和二〇三五年远景目标纲要》(以下简称《规划纲要》),一条主线贯通全文:新发展阶段、新发展理念、新发展格局。这三个"新"体现了《规划纲要》的核心要义,构成了"十四五"时期经济社会发展的战略导向。习近平总书记就新发展阶段、新发展理念、新发展格局的内涵、逻辑、要求等进行了系统阐述,深刻回答了事关我国发展全局的一系列根本性、方向性、战略性的重大问题。这体现着习近平总书记关于中国未来发展的深邃思考,是对习近平新时代中国特色社会主义思想的进一步丰富和发展。

一、准确把握新发展阶段

根据时与势的变化,要及时对我国所处发展阶段作出分析判断,确定阶段性的任务,这是我们党治国理政的重要经验。中国特色社会主义进入新时代，2021年是中国共产党百年华诞，在这样一个历史进程中，党中央如何判断中国所处的发展阶段？2020年8月24日，习近平总书记在经济社会领域专家座谈会上作出了"'十四五'时期我国将进入新发展阶段"这个重要论断。

在党的十九届五中全会上，习近平总书记进一步指出："新发展阶段，就是全面建设社会主义现代化国家向第二个百年奋斗目标进军的阶段。""进入新发展阶段，是中华民族伟大复兴历史进程的大跨越。"这在我国发展进程中具有里程碑意义。对这个新发展阶段，我们要从历史和现实、理论和实践的角度全面加以把握。

（一）进入新发展阶段是中华民族伟大复兴历史进程的大跨越

习近平总书记指出，实现中华民族伟大复兴，是近代以来中国人民最伟大的梦想。近代以来，在外国列强入侵和封建腐朽统治下，我国错失了工业革命的机遇，大幅落后于时代，中华民族也遭受了前所未有的苦难。鸦片战争之后，中国人民和无数仁人志士不屈不挠，苦苦寻求中国现代化之路。孙中山先生的《建国大纲》被称为近代中国谋求现代化的第一份蓝图，但在半殖民地半封建社会的条件下，中国现代化没有也不可能取得成功。中国共产党建立近百年来，团结带领中国人民所进行的一切奋斗，就是为了把我国建设成为现代化强国，实现中华民族伟大复兴。

新中国成立以后，我们党孜孜以求，带领人民对中国现代化建设进行了艰辛探索。1954年，周恩来同志在第一届全国人民代表大会上所作的《政府工作报告》中就明确指出："如果我们不建设起强大的现代化的工业、现代化的农业、现代化的交通运输业和现代化的国防，我们就不能摆脱落后和贫困，我们的革命就不能达到目的。"1956年，毛泽东同志提出："我国人民应该有一个远大的规划，要在几十年内，努力改变我国在经济上和科学文化上的落后状况，迅速达到世界上的先进水平。"他还警示，如果搞得不好就会被开除"球籍"。1964年12月，周恩来同志在第三届全国人民代表大会上所作的《政府工作报告》中再次提出:"从第三个五年计划开始,我国的国民经济发展,可以按两步来考虑:第一步,建立一个独立的比较完整的工业体系和国民经济体系;第二步,全面实现农业、工业、国防和科学技术的现代化,使我国经济走在世界的前列。"由于后来发生了"文化大革命",当时提出的四个现代化建设没有完全展开。尽管如此,从1949年到1978年,我们党领导人民在旧中国"一穷二白"的基础上建立起独立的比较完整的工业体系和国民经济体系,有效维护了国家主权和安全,我国社会主义建设事业迈出了坚实步伐。

改革开放以后,邓小平同志提出"三步走"战略,即到20世纪80年代末解决人民温饱问题,到20世纪末使人民生活达到小康水平,到21世纪中叶基本实现现代化,达到中等发达国家水平。进入21世纪,在人民生活总体上达到小康水平之后,我们党又提出,到建党100年时全面建成惠及十几亿人口的更高水平的小康社会,然后再奋斗30年,到新中国成立100年时,基本实现现代化,把我国建成社会主义现代化国家。

进入新时代,我们党又提出了"两个一百年"奋斗目标,习近平总书记在党的十九大报告当中,对实现第二个百年奋斗目标,作出分两个阶段推进的战略安排,明确提出到2035年基本实现社会主义现代化,到本世纪中叶,把我国建成富强、民主、文明、和谐、美丽的社会主义现代化强国。2021年实现全面建成小康社会目标,历史翻开新的篇章。这个篇章的主题就是"社会主义现代化"。在新发展阶段我们要回答的问题是我们要建设什么样的现代化,我们怎样全面建设社会主义现代化。

(二)我国建设社会主义现代化具有的重要特征

世界上既不存在定于一尊的现代化模式,也不存在放之四海而皆准的现代化标准。邓小平同志说过:"我们搞的现代化,是中国式的现代化。我们建设的社会主义,是有中国特色的社会主义。"我们所推进的现代化,既有各国现代化的共同特征,更有基于国情的中国特色。主要概括为五个特征:

第一,我国现代化是人口规模巨大的现代化。我国 14 亿人口要整体迈入现代化社会,其规模超过现有发达国家的总和,将彻底改写现代化的世界版图,在人类历史上是一件有深远影响的大事。

第二,我国现代化是全体人民共同富裕的现代化。共同富裕是中国特色社会主义的本质要求,我国现代化坚持以人民为中心的发展思想,自觉主动解决地区差距、城乡差距、收入分配差距,促进社会公平正义,逐步实现全体人民共同富裕,坚决防止两极分化。

第三,我国现代化是物质文明和精神文明相协调的现代化。我国现代化坚持社会主义核心价值观,加强理想信念教育,弘扬中华优秀传统文化,增强人民精神力量,促进物的全面丰富和人的全面发展。

第四,我国现代化是人与自然和谐共生的现代化。我国现代化注重同步推进物质文明建设和生态文明建设,走生产发展、生活富裕、生态良好的文明发展道路,否则资源环境的压力不可承受。

第五,我国现代化是走和平发展道路的现代化。一些老牌资本主义国家走的是暴力掠夺殖民地的道路,是以其他国家落后为代价的现代化。我国现代化强调同世界各国互利共赢,推动构建人类命运共同体,努力为人类和平与发展作出贡献。实践表明,中国式现代化既切合中国实际,体现了社会主义建设规律,也体现了人类社会发展规律。我国要坚定不移推进中国式现代化,以中国式现代化推进中华民族伟大复兴,不断为人类作出新的更大贡献。

(三) 新发展阶段面临着新机遇新挑战

当前和今后一个时期,我国发展仍然处于重要战略机遇期,但机遇和挑战都有新的发展变化。危和机并存、危中有机、危可转机,机遇更具有战略性、可塑性,挑战更具有复杂性、全局性,挑战前所未有,应对好了，机遇也就前所未有。既要看到我国发展总体态势是好的，我们完全有基础、有条件、有能力取得新的伟大胜利，也要看到当前诸多矛盾叠加、风险挑战显著增多，我国发展面临着前所未有的复杂环境。我们必须坚持正确的历史观、大局观、发展观，看清当前国际国内形势纷繁复杂现象下的本质，做到临危不乱、危中寻机、开拓进取、开辟新局，更好统筹中华民族伟大复兴战略全局和世界百年未有之大变局。

从国际来看，世界百年未有之大变局进入加速演变期，国际环境日趋错综复杂。一方面，和平与发展仍然是时代主题，新一轮科技革命和产业变革深入发展，国际力量对比深刻调整，人类命运共同体理念深入人心。另一方面，国际形势的不稳定性不确定性明显增加，新冠肺炎疫情大流行影响广泛深远，经济全球化遭遇逆流，民粹主义、排外主义抬头，保护主义、单边主义、霸权主义对世界和平与发展构成威胁，国际经济、科技、文化、安全、政治等格局都在发生深刻复杂变化。我们要准确认识决定世界百年未有之大变局走向的关键因素，牢牢把握战略主动。从国内看，我国继续发展具有多方面优势和条件，也面临不少困难和挑战，关键是要用全面、辩证、长远的眼光看问题，积极拓展发展新空间。

第一，深刻认识社会主要矛盾变化，增强解决发展不平衡不充分问题的系统性。当前，我国发展面临的主要问题是，创新能力不适应高质量发展要求，农业基础还不稳固，城乡区域发展和收入分配差距较大，生态环保任重道远，民生保障存在短板，社会治理还有弱项。归结起来，就是发展不平衡、发展不充分。发展不平衡，主要是各区域各领域各方面存在失衡现象，制约了整体发展水平提升；发展不充分，主要是我国全面实现社会主义现代化还有相当长的路要走，发展任务仍然很重。推动解决这些问题，要坚持辩证唯物主义和历史唯物主义的世界观、方法论。既然是社会主要矛盾的反映，解决起来就不可能一蹴而就，必须既积极有为又持之以恒努力。要坚持问题导向和目标导向，坚持系统观念，着力固根基、扬优势、补短板、强弱项，推动经济社会全面协调可持续发展。

第二，深刻认识人民对美好生活的向往，增强解决发展不平衡不充分问题的针对性。我国长期所处的短缺经济和供给不足的状况已经发生根本性改变，人民对美好生活的向往总体上已经从"有没有"转向"好不好"，呈现多样化、多层次、多方面的特点，其中有很多需求过去并不是紧迫的问题，现在人民群众要求高了，我们对这些问题的认识和工作水平也要相应提高。我们要坚持在发展中保障和改善民生，解决好人民最关心最直接最现实的利益问题，更好满足人民对美好生活的向往，推动人的全面发展、社会全面进步，努力促进全体人民共同富裕取得更为明显的实质性进展。

第三，深刻认识经济长期向好的基本面，增强解决发展不平衡不充分问题的信心。当前，我国经济面临周期性因素和结构性因素叠加、短期问题和长期问题交织、外部冲击和新冠肺炎疫情冲击碰头等多重影响，可以说困难前所未有。疫情的冲击是一时的、总体上是可控的，外部冲击倒逼我们加快了自主创新步伐，我国经济长期向好的基本面没有改变。党的坚强领导，我国社会主义制度能够集中力量办大事的制度优势，是实现经济行稳致远、社会安定的根本保证。长期以来，我国积累的雄厚物质基础、丰富人力资源、完整产业体系、强大科技实力，以及我国全球最大最有潜力的市场，是我们推动经济发展和抵御外部风险的根本依托。

从河北来看，全省也仍然处于历史性窗口期和战略性机遇期，区位优势明显，产业体系完备，交通优势突出，市场空间广阔，政治生态和营商环境不断优化，高质量发展具有诸多有利条件。但前进道路上也同样存在不少风险和挑战：我省新兴产业体量偏小，自主创新能力不强，科技资源碎片化问题突出，在存量调优、增量调强方面受到现有能力、发展阶段等多重因素制约；我省改革开放力度不够，市场化国际化程度不高，营商环境仍需优化，"放管服"改革还需深化，公共服务能力和水平亟待提高，在优环境、强服务方面仍有不小差距；我省发展不平衡不充分的矛盾比较突出，区域协调发展不够，新型城镇化进程滞后，资源环境容量不足，污染防治和生态修复任务艰巨，在促协调、优生态、惠民生方面仍有诸多短板。同时，新冠肺炎疫情冲击导致的各类衍生风险不容忽视，做好常态化疫情防控，更好地统筹发展和安全面临持久挑战。因此，我们要深刻认识新发展阶段的新机遇新挑战。

二、深入贯彻新发展理念

2015年10月29日，习近平总书记在党的十八届五中全会上强调："理念是行动的先导，一定的发展实践都是由一定的发展理念来引领的。发展理念是否对头，从根本上决定着发展成效乃至成败。实践告诉我们，发展是一个不断变化的进程，发展环境不会一成不变，发展条件不会一成不变，发展理念自然也不会一成不变。"并首次提出"创新、协调、绿色、开放、共享"五大发展理念，强调创新发展注重的是解决发展动力问题，协调发展注重的是解决发展不平衡问题，绿色发展注重的是解决人与自然和谐问题，开放发展注重的是解决发展内外联动问题，共享发展注重的是解决社会公平正义问题，强调坚持新发展理念是关系我国发展全局的一场深刻变革。"十三五"时期的实践充分证明，新发展理念完全是科学的、正确的。可以说各方面已形成高度共识，深入人心，实践也在不断深化。放眼"十四五"乃至更长发展阶段，习近平总书记强调："新时代新阶段的发展必须贯彻新发展理念，必须是高质量发展。"2021年年初，习近平总书记在省部级主要领导干部学习贯彻党的十九届五中全会精神专题研讨班开班式上的重要讲话中指出，全党必须完整、准确、全面贯彻新发展理念，一是从根本宗旨把握新发展理念；二是从问题导向把握新发展理念；三是从忧患意识把握新发展理念。把握好这三个维度，对于在新发展阶段完整准确全面贯彻新发展理念、构建新发展格局、推动高质量发展具有重要意义。

（一）从根本宗旨把握新发展理念体现以人民为中心的发展思想

人民是我们党执政的最深厚基础和最大底气。为人民谋幸福、为民族谋复兴，是我们党的初心和使命，也是新发展理念的"根"和"魂"。我们党深刻总结世界发展经验、精准分析时代发展大势，在回答发展"为了谁、依靠谁"这一根本问题的过程中，把人民至上作为新发展理念的价值追求，深刻阐释以社会主义本质目标为根本遵循的发展是新时代中国发展的必然选择，充分体现实现共同富裕既是经济问题又是关系党的执政基础的重大政治问题。从五大发展理念的内涵看，创新发展重在发挥创新是第一生产力和人才是第一资源的作用，把满足人民对美好生活的向往作为科技创新的落脚点，把为民作为科技创新的重要方向，通过创新驱动提高发展质量和效益；协调发展重在增强发展的整体性和平衡性，着力解决不平衡问题，增进人民群众根本利益的一致性；绿色发展意在让祖国大地天更蓝、山更绿、水更清、环境更优美，推动自然资本增值，让良好生态环境成为人民生活的增长点，让老百姓切实感受到发展带来的实实在在的环境效益；开放发展就是通过扩大对外开放用好国内国际两个市场、两种资源，提高资源配置效率，呼应人民群众期待，以更加多样化、高质量的有效供给满足人民美好生活需要；共享发展包含全民共享、全面共享、共建分享、渐近共享四个方面，通过改善分配结构、优化基本公共服务、健全社会保障体系、提升全民受教育程度等举措，目的在于让发展成果更多更公平惠及全体人民，不断增强人民群众获得感、幸福感、安全感，不断实现人民对美好生活的向往。

（二）从问题导向把握新发展理念需要立足当前社会突出矛盾

直面问题是树立新发展理念的逻辑起点。新发展理念是在分析我国发展面临的新挑战、不断解决新问题、把握发展新趋势的过程中形成的。习近平总书记强调，要有强烈的问题意识，以重大问题为导向，抓住关键问题进一步研究思考，着力推动解决我国发展面临的一系列突出矛盾和问题。我国发展已经站在新的历史起点上，要根据新发展阶段的新要求，坚持问题导向，更加精准地贯彻新发展理念，切实解决好发展不平衡不充分的问题，推动高质量发展。当前，在核心技术层面，多个领域还存在被"卡脖子"的风险，在协调发展方面，城乡发展差距依然较大，生产、生活、生态协调程度有待提高，在体制机制方面，打通"最后一公里"，破除"中梗阻"还有很多工作要做。这些都要求新发展阶段必须根据新要求，对新发展理念的理解要不断深化，举措要更加精准务实，摒弃过去的唯速度论、唯规模论，把高质量发展作为主题，坚持质量第一、效益优先。在宏观层面增强经济布局的均衡性，优化资源配置；在中观层面积极扭转发展方式，推动集成式联动化变革，做好产业、市场和区域的结构化升级，加固长板、补齐短板；在微观上注重提高要素和资源的参与方式和产出效率，实现发展速度、质量和效益在新阶段上的有机统一。以高质量发展成就人民的高品质生活，从而实现人的全面发展，推进社会全面进步。

（三）从忧患意识把握新发展理念必须善于在危机中育先机

随着我国社会主要矛盾变化和国际力量对比深刻调整，我国发展面临的内外部环境更加错综复杂，传统安全和非传统安全交织叠加，一些重点领域风险依然较高。变则通，怠则殆。从忧患意识把握新发展理念，坚持底线思维、保持战略定力、提高应变能力、加强风险防控，持续推动质量变革、效率变革、动力变革，掌握发展主动权。顺应经济全球化的时代潮流，增强识变、求变、应变本领，在高质量发展过程中随时准备应对更加复杂困难的局面，善于在危机中育先机、于变局中开新局。安全是发展的前提，发展是安全的保障。《中共中央关于制定国民经济和社会发展第十四个五年规划和二〇三五年远景目标的建议》（以下简称《规划建议》）把安全问题摆在非常突出的位置，强调要把安全发展贯穿国家发展各领域和全过程。要坚持政治安全、人民安全、国家利益至上有机统一，既要敢于斗争，也要善于斗争，全面做强自己，特别是要增强威慑的实力，深入贯彻党中央精神、扎实推进党中央部署，全面精准落实党中央关于新发展理念的要求，就必须始终加强意识形态建设，在持续扩大对外开放的形势下，坚持马克思主义在意识形态领域指导地位的根本制度，加快发展我国社会主义先进文化，坚决反对历史虚无主义；必须始终维护人民安全，统筹突发事件处置和经济社会稳定发展一盘棋，在保障人民健康、生命安全的基础上，维护社会整体稳定，确保人民正常生产生活，促进经济持续发展；必须始终维护国家利益，加强国家安全体系和能力建设，筑牢国家安全屏障，保障国家和平发展。

贯彻新发展理念明确了我国现代化建设的指导原则。作为一个系统的理论体系，新发展理念回答了关于发展的目的、动力、方式、路径等一系列理论和实践问题，阐明了党关于发展的政治立场、价值导向、发展模式、发展道路等重大政治问题，必须完整准确全面贯彻，使创新成为第一动力，协调成为内生特点，绿色成为普遍形态，开放成为必由之路，共享成为根本目的。

三、加快构建新发展格局

资料链接

2005年10月，党的十六届五中全会通过的"十一五"《规划建议》，在肯定"国内国际两个市场、两种资源相互补充，外部环境总体上对我国发展有利"的同时，强调"要进一步扩大国内需求，调整投资和消费的关系，增强消费对经济增长的拉动作用"。

2010年10月，党的十七届五中全会通过的"十二五"《规划建议》指出，要"坚持扩大内需战略，保持经济平稳较快发展"，强调要"构建扩大内需长效机制，促进经济增长向依靠消费、投资、出口协调拉动转变"。

2015年10月，党的十八届五中全会通过的"十三五"《规划建议》强调"要准确把握战略机遇期内涵的深刻变化，更加有效地应对各种风险和挑战，继续集中力量把自己的事情办好，不断开拓发展新境界"。12月，中央经济工作会议提出供给侧结构性改革，并提出"巩固、增强、提升、畅通"八字方针，其目的就是要稳定制造业发展，增强产业链供应链稳定性，提升供给体系质量，疏通国内经济循环的堵点。

2018年12月，中央经济工作会议明确提出了"畅通国民经济循环""促进形成强大国内市场"的要求，强调"要畅通国民经济循环，加快建设统一开放、竞争有序的现代市场体系，提高金融体系服务实体经济能力，形成国内市场和生产主体、经济增长和就业扩大、金融和实体经济良性循环"。

2019年12月，中央经济工作会议强调"补短板、强弱项"要以民生补短板、基建补短板、产业升级补短板三个方面为切入点，将"释放国内市场需求潜力"与供给侧结构性改革的"补短板"互相衔接起来，为"畅通国民经济循环"提供了具体政策抓手。

2020年2月下旬召开的中央政治局会议在部署疫情防控、统筹推动复工复产的同时，提出了"畅通经济社会循环"的紧急任务。4月10日，习近平总书记在中央财经委员会第七次会议上阐述了国家中长期经济社会发展战略若干重大问题，要求坚定实施扩大内需战略，第一次提出"构建以国内大循环为主体、国内国际双循环相互促进的新发展格局"。5月14日召开的中央政治局常委会会议，基于供给、需求视角再次提出："要深化供给侧结构性改革，充分发挥我国超大规模市场优势和内需潜力,构建国内国际双循环相互促进的新发展格局。"5月23日,习近平总书记在全国政协十三届三次会议经济界委员联组会上,较详细阐述了新发展格局。7月21日,习近平总书记在同企业家座谈时,进一步明确指出同新发展格局紧密相关的三大问题:第一,"中国开放的大门不会关闭,只会越开越大。以国内大循环为主体,绝不是关起门来封闭运行"。第二,"国内循环为主,是通过发挥内需潜力,使国内市场和国际市场更好联通,更好利用国际国内两个市场、两种资源,实现更加强劲可持续的发展"。第三,"从长远看,经济全球化仍是历史潮流,我们要站在历史正确的一边,坚持深化改革、扩大开放,加强科技领域开放合作,推动建设开放型世界经济"。7月30日召开的中央政治局会议再次强调了"新发展格局"的政策思路,还进一步明确:新发展格局不是一项短期考虑,而是"从持久战的角度加以认识"的,这也意味着"双循环"的新发展格局将对"十四五"时期的经济工作产生重要影响。8月18日至21日安徽考察工作中、8月20日的长三角一体化发展座谈会上、8月24日的经济社会领域专家座谈会上、9月1日的中央全面深化改革委员会第十五次会议上、9月8日的全国抗击新冠肺炎疫情表彰大会上、9月9日的中央财经委员会第八次会议上、9月11日的科学家座谈会上、9月17日的基层代表座谈会上、9月22日的教育文化卫生体育领域专家代表座谈会上、9月28日的中央政治局会议上,习近平总书记又多次指出,"要推动形成以国内大循环为主体、国内国际双循环相互促进的新发展格局",并且强调"这个新发展格局是根据我国发展阶段、环境、条件变化提出来的,是重塑我国国际合作和竞争新优势的战略抉择","是根据我国发展阶段、环境、条件变化作出的战略决策,是事关全局的系统性深层次变革"。

2020年，是以习近平同志为核心的党中央明确提出新发展格局这一战略决策并不断丰富完善的重要时间节点。十九届五中全会，"新发展格局"正式写入党的文件，并对此作出明确部署。这是把握未来发展主动权的战略性布局和先手棋，是新发展阶段要着力推动完成的重大历史任务，也是贯彻新发展理念的重大举措。构建以国内大循环为主体，国内国际双循环相互促进的新发展格局，是我们党对经济发展客观规律的正确把握和实践运用，是习近平新时代中国特色社会主义经济思想的丰富和发展。

（一）正确理解新发展格局应该把握三点

第一，构建新发展格局是把握发展主动权的先手棋，是主动作为、长期之计，不是被迫之举和权宜之计。从国际比较看，大国经济的特征都是内需为主导、内部可循环。我国作为全球第二大经济体和制造业第一大国，国内经济循环同国际经济循环的关系客观上早有调整的要求。这是我们提出构建新发展格局的首要考虑。在当前国际形势充满不稳定性不确定性的背景下，立足国内、依托国内大市场优势，充分挖掘内需潜力，有利于化解外部冲击和外需下降带来的影响，也有利于在极端情况下保证我国经济基本正常运行和社会大局总体稳定。

第二，构建新发展格局是开放的国内国际双循环，不是封闭的国内单循环。我国经济已经深度融入世界经济，同全球很多国家的产业关联和相互依赖程度都比较高，内外需市场本身是相互依存、相互促进的。以国内大循环为主体，绝不是关起门来封闭运行，而是通过发挥内需潜力，使国内市场和国际市场更好联通，以国内大循环吸引全球资源要素，更好利用国内国际两个市场两种资源，提高全球配置资源能力，更好争取开放发展中的战略主动。我国开放的大门不会关闭，只会越开越大。要科学认识国内大循环和国内国际双循环的关系，主动作为、善于作为，建设更高水平开放型经济新体制，实施更大范围、更宽领域、更深层次的对外开放。

第三，构建新发展格局是以全国统一大市场基础上的国内大循环为主体，不是各地都搞自我小循环。党中央作出构建新发展格局的战略安排，提出以国内大循环为主体，是针对全国而言的，不是要求各地都搞省内、市内、县内的自我小循环。最好不要单纯使用内循环，更不能以内循环的名义搞地方保护和小而全、搞地区封锁。各地区要找准自己在国内大循环和国内国际双循环中的位置、定位和比较优势，同时还要在交通上打通断头路，包括省界市界县界断头路，要撤除有形无形的市场分割的壁垒，共同构建国内统一大市场，积极参与国内国际双循环。有条件的地区可以率先探索有利于促进全国形成新发展格局的有效路径，发挥引领和带动作用。

（二）构建新发展格局必须牢牢把握五个"必须坚持"

构建新发展格局，需要找到基本的路径，我们要坚持供给侧结构性改革这个战略方向，坚持扩大内需这个战略基点，加快培育完整内需体系，提升供给体系对国内需求的适配性，以创新驱动、高质量供给引领和创造新需求，形成需求牵引供给、供给创造需求的更高水平动态平衡。"十四五"《规划纲要》提出，构建新发展格局必须牢牢把握"五个必须坚持"。

第一，必须坚持深化供给侧结构性改革，以创新驱动、高质量供给引领和创造新需求，提升供给体系的韧性和对国内需求的适配性。在我国发展现阶段，畅通经济循环最主要的任务是供给侧有效畅通，只有贯通生产、分配、流通、消费各环节，消除供给侧瓶颈制约，才能形成需求牵引供给、供给创造需求的更高水平动态平衡。"十四五"时期，必须坚持深化供给侧结构性改革这条主线，通过提高创新能力、提升产业链供应链现代化水平、推动数字化发展、建设现代化基础设施体系、发展现代农业、构建服务业产业新体系等措施，推动生产模式和产业组织方式创新，全面优化升级产业结构，形成更高效率和更高质量的投入产出关系，实现经济在高水平的动态平衡。

第二，必须建立扩大内需的有效制度，加快培育完整内需体系，加强需求侧管理，建设强大国内市场。实施扩大内需战略，是保持我国经济长期持续健康发展的需要，也是满足人民日益增长的美好生活的需要。"十四五"时期，内需主导型增长的特征会更加明显，经济增长的内需潜力会不断释放，要牢牢把握扩大内需这一战略基点，以满足国内需求为基本立足点，把实施扩大内需战略同深化供给侧结构性改革有机结合起来，建立扩大内需的有效制度，加快培育完整内需体系，加强需求侧管理，全面促进消费，拓展投资空间，建设消费和投资需求旺盛的强大国内市场，使生产、分配、流通各环节更多依托国内市场实现良性循环。

第三，必须坚定不移推进改革，破除制约经济循环的制度障碍，推动生产要素循环流转和生产、分配、流通、消费各环节有机衔接。构建新发展格局本质上是改革问题，同全面深化改革紧密关联。"十四五"时期，要发挥全面深化改革在构建新发展格局中的关键作用，围绕实现高水平自立自强、畅通经济循环、扩大内需、实现高水平对外开放、推动全面绿色转型、推进城乡融合发展等方面深化改革，在国资国企、财税金融、土地、市场准入、劳动力等领域改革取得更大突破，扫除制约国内大循环和国内国际双循环畅通的体制机制障碍。要把深化改革同促进制度集成结合起来，聚焦基础性和具有重大牵引作用的改革举措，加强制度创新充分联动和衔接配套，提升改革综合效能。

第四，必须坚定不移扩大开放，持续深化要素流动型开放，稳步拓展制度型开放，依托国内经济循环体系形成对全球要素资源的强大引力场。构建新发展格局是开放的国内国际双循环，不是封闭的国内单循环。"十四五"时期，必须顺应我国经济深度融入世界经济的趋势，实施更大范围、更宽领域、更深层次对外开放，持续深化商品和要素流动型开放，稳步拓展规则、规制、管理、标准等制度型开放，提升对外开放平台功能，优化区域开放布局，健全开放安全保障体系，使国内市场和国际市场更好联通，更好利用国际国内两个市场、两种资源，更好争取开放发展中的战略主动,依托国内经济循环体系形成对全球要素资源的强大吸引力。

第五,必须坚持强化国内大循环的主导作用,以国际循环提升国内大循环效率和水平,实现国内国际双循环互促共进。以国内大循环为主体,是顺应世界大国经济发展规律、发挥我国超大规模经济体优势的内在要求,是满足国内需求、提高人民生活品质、增进民生福祉的主动选择。国内循环越顺畅就越能形成对全球资源要素的引力场、提升国际竞争力,国际循环流转顺畅也有利于进一步畅通国内大循环,提升经济发展的自主性、可持续性和韧性。"十四五"时期,要坚持立足国内大循环,发挥比较优势,协同推进强大国内市场和贸易强国建设,推动进出口协同发展,提高国际双向投资水平,促进内需和外需、进口和出口、引进外资和对外投资协调发展,改善我国生产要素质量和配置水平,加快培育参与国际合作和竞争新优势。

总之,进入新发展阶段、贯彻新发展理念、构建新发展格局,是由我国经济社会发展的理论逻辑、历史逻辑、现实逻辑决定的,三者紧密关联。进入新发展阶段明确了我国发展的历史方位,贯彻新发展理念明确了我国现代化建设的指导原则,构建新发展格局明确了我国经济现代化的路径选择。把握新发展阶段是贯彻新发展理念、构建新发展格局的现实依据,贯彻新发展理念为把握新发展阶段、构建新发展格局提供了行动指南,构建新发展格局则是应对新发展阶段机遇和挑战、贯彻新发展理念的战略选择。

3 高质量发展
——"十四五"乃至更长时期我国经济社会发展的主题

党的十九大作出我国经济已由高速增长阶段转向高质量发展阶段的重大判断。党的十九届五中全会进一步提出,"十四五"时期经济社会发展要以推动高质量发展为主题,这是根据我国发展阶段、发展环境、发展条件变化作出的科学判断。

2021年,恰逢"两个一百年"奋斗目标历史交汇之时。特殊时刻的两会,习近平总书记接连强调"高质量发展",意义重大。他在参加十三届全国人大四次会议青海代表团审议时强调,高质量发展是"十四五"乃至更长时期我国经济社会发展的主题,关系我国社会主义现代化建设全局。2021年《政府工作报告》提出:"要准确把握新发展阶段,深入贯彻新发展理念,加快构建新发展格局,推动高质量发展,为全面建设社会主义现代化国家开好局起好步。"我们要准确理解高质量发展的内涵,紧紧抓住高质量发展这个主题,推动我国经济社会发展取得更加优异的成绩。

一、推动高质量发展的根本目的

江山就是人民，人民就是江山。人民对美好生活的向往，就是我们的奋斗目标。为中国人民谋幸福、为中华民族谋复兴是中国共产党人的初心和使命。带领人民创造美好生活，是我们党始终不渝的奋斗目标。我们党自诞生以来，100年间，一切奋斗的根本目的，都是为了让人民过上好日子。经过长期不懈奋斗，中国人民生活发生了翻天覆地的变化，中华民族实现了从站起来、富起来到强起来的历史性飞跃。2020年，我国国内生产总值达到了101.6万亿元人民币，历史上首次突破100万亿元，比上年增长2.3%，是全球唯一实现经济正增长的主要经济体，稳居世界第二位。2020年，我国人均国内生产总值连续两年超过1万美元，稳居中等偏上收入国家行列，与高收入国家发展的差距继续缩小。2020年我国粮食产量66949万吨，持续居世界第一位，220多种工业产品产量居世界第一位。2020年我国研究与试验发展（R&D）经费支出24426亿元，全年授予专利权363.9万件，每万人口发明专利拥有量15.8件。2020年我国成功完成35次宇航发射，嫦娥五号成功登月并采样返回，"天问一号"探测器成功发射。在基础设施方面，2020年我国高速铁路营运总里程达到3.8万公里，高速公路里程超过15.5万公里，5G终端连接数已超过2亿，均居世界第一。在人民生活方面，我国恩格尔系数由1978年的64%下降至2020年的30.2%。2020年，我国5575万农村贫困人口实现脱贫，全面完成74.21万户建档立卡贫困户脱贫攻坚农村危房改造扫尾工程任务。

随着经济发展水平的提高，人民对美好生活的需求在不断提升，经济社会发展就要向着不断满足人民更高需求的方向迈进。我国社会的主要矛盾也已经转化为人民日益增长的美好生活需要和不平衡不充分的发展之间的矛盾。进入新时代，人们期盼更好的教育、更稳定的工作、更满意的收入、更可靠的社会保障、更高水平的医疗卫生服务、更舒适的居住条件、更优美的环境、更丰富的精神文化生活,在民主、法治、公平、正义等方面的要求也日益增长。但是人民对美好生活的向往与现实之间还存在差距,还远没有达到充分满足的地步。

满足人民对美好生活的向往,关键要靠发展。习近平总书记指出:"高质量发展,就是能够很好满足人民日益增长的美好生活需要的发展。"必须坚持以人民为中心,始终做到发展为了人民、发展依靠人民、发展成果由人民共享。必须毫不动摇走高质量发展之路,着力解决不平衡不充分的问题,不断提高人民群众的生活水平和生活品质。坚决维护人民群众的根本利益,聚焦广大人民群众最关心的热点、难点问题,不断提高社会建设水平,持续不断地解民忧、纾民困,及时回应群众关切,做到想群众之所想、急群众之所急、解群众之所困。

当下,开启新征程,进入新发展阶段,把各项既定目标汇聚于火热实践,要坚定不移走高质量发展之路,完整、准确、全面贯彻新发展理念,着力破解经济社会发展深层次问题,在更高质量、更有效率、更加公平、更可持续、更为安全的发展过程中,赢得优势、赢得主动、赢得未来。

二、把握高质量发展这一根本要求

(一)科技创新引领高质量发展

习近平总书记强调,"加快科技创新是推动高质量发展的需要,是实现人民高品质生活的需要,是构建新发展格局的需要,是顺利开启全面建设社会主义现代化国家新征程的需要"。党的十九届五中全会指出,"坚持创新在我国现代化建设全局中的核心地位,把科技自立自强作为国家发展的战略支撑"。

在高质量发展中,我们需要把握科技创新引领的战略趋向。关键是四个方面：一是加大基础研究在科技投入中的比重。2019年，我国基础研究经费为1209亿元，比2018年增长10.9%。2020年我国基础研究占全社会研发总经费的比重首次超过6%，这一比例此前多年徘徊在5%左右。虽然科技部制定了《加强"从0到1"基础研究工作方案》，对基础研究进行了系统安排，但是基础研究在科技投入中的比重需要持续提高。基础研究是创新的源头活水，我们要加大投入，鼓励长期坚持和大胆探索，为建设科技强国夯实基础。多主体、多渠道提升基础研究和应用研究经费占研发经费的比重，强化源头创新和原始创新，保障科技创新源头供给与储备。以体系化创新能力建设为核心，面向世界科技前沿、面向经济主战场、面向国家重大需求，加快各领域科技创新，掌握全球科技竞争先机。二是打好产业基础高级化和产业链现代化攻坚战。以企业和企业家为主体，以夯实产业基础和保障战略产业自主可控安全高效为目标，以科创中心、综合性国家科学中心、国家自主创新示范区、高新区及国家双创示范基地等各类区域创新高地为依托，支持大中小企业和各类主体融通创新。坚持应用牵引、问题导向，从行业、区域、安全等需求角度，优化产业技术研究院、工程实验室、中试基地和新型创新平台布局，保障产业共性技术供给，提升产业链现代化水平。依托我国超大规模市场和完备产业体系，创造有利于新技术快速大规模应用和迭代升级的独特优势，加速科技成果向现实生产力转化，源源不断地形成引领性战略产品和战略产业。实施数字化、智能化产业基础再造工程，培育壮大数字经济、智能制造、生命健康、新材料等战略性新兴产业和未来产业，维护保障供应链、产业链、创新链的安全与稳定。三是打好关键核心技术攻坚战。充分发挥我国社会主义制度能够集中力量办大事的显著优势，建设跨学科、大协作、开放共享的重大科技基础设施和协同创新平台，强化国家战略科技力量，优化科研机构规划布局，保障多主体协作、多学科交叉融合、多技术路线并行，突破一批关键共性技术、前沿引领技术、现代工程技术、颠覆性技术。"发挥企业在技术创新中的主体作用，使企业成为创新要素集成、科技成果转化的生力军，打造科技、教育、产业、金融紧密融合的创新体系"，保障关键核心技术源头供给，支撑引领新业态和新模式，催生新发展动能。四是完善科技创新体制机制。坚持"有利于提高资源配置效率、有利于提高发展质量和效益、有利于调动各方面积极性"的改革标准，将科技创新治理体系融进国家治理体系和供给侧结构性改革之中，深化全面创新改革试验，协同推进科技与经济、教育、人才、社会保障等体制机制改革，把解决体制性障碍、结构性矛盾、政策性问题统一起来，使各项改革朝着推动形成新发展格局聚焦发力。实行更高水平开放，深化国际交流合作，统筹国内国际两个大局，用好国内国际两种资源，为构建新发展格局营造良好外部环境。完善激发科技创新动力、活力和人才积极性的激励机制和约束机制，大力培养和引进国际一流人才和科研团队，加大科研单位改革力度，最大限度调动科研人员的积极性，提高科技创新产出效率。

（二）扩大内需大力推动高质量发展

针对世界经济下行风险，我们要坚定实施扩大内需战略，把坚持扩大内需作为我国发展的战略基点，使生产、分配、流通各环节更多依托国内市场实现良性循环，构建完整的内需体系，为高质量发展提供强大支撑。要明确扩大内需战略的主要路径，在促进就业、全面促进消费、拓展投资空间等方面进行有效制度安排。

第一，促进就业，优化收入分配结构，稳定和提升居民消费能力。就业是"六稳""六保"之首，是民生保障之本，也是扩大内需、恢复增长的关键所在。就业问题是实施扩大内需战略首先要面对的问题。一是要扩大就业容量，提升就业质量。要继续强化就业优先政策，扩大阶段性稳岗政策惠及范围。开展大规模、多层次职业技能培训，完善职业技术教育体系，提升劳动者就业创业能力。健全就业公共服务体系，拓宽市场化就业渠道，坚决防止和纠正就业歧视。二是要改善收入分配格局、缩小贫富差距。要坚持按劳分配为主体、多种分配方式并存，提高劳动报酬在初次分配中的比重，着力提高低收入群体收入，扩大中等收入群体。完善按要素分配政策制度和再分配机制，发挥第三次分配作用，改善收入和财富分配格局。

第二，全面促进消费。增强消费对经济发展的基础性作用，积极发展和推出适应现代生活需求的消费项目，满足消费升级要求。一是要扩大服务性消费。扩大服务性消费是与我国消费结构由生存型向发展型、享受型转型升级相适应的，也是人民群众对美好生活的向往和追求。2019年我国人均服务性消费支出为9886元，占消费比重的45.9%，受疫情影响，2020年服务消费罕见下降且降幅大于商品消费。要尽快恢复服务消费并保持平稳增长。二是要增加公共消费。公共消费是内需的重要构成，必须在财政承受能力和可持续前提下，适度增加公共消费，发挥其杠杆作用。三是要扩大县乡消费。要健全城乡流通体系，提升农村流通基础设施，促进工业品下乡和农产品进城双向流通。在乡村振兴和新型城镇化过程中，着力提升农村地区消费水平。四是要培育新型消费。发展无接触交易服务，促进线上线下消费融合发展。积极推进在线教育、远程医疗服务、在线会展、直播带货等新型消费服务，发展新业态新模式。

第三，拓展投资空间，扩大投资需求。扩大投资需求是坚持扩大内需战略的重要内容，我国正处于新型工业化、信息化、城镇化、农业现代化快速发展阶段，应充分利用好、发挥好潜力巨大的投资需求作用。一是加强"新基建"投资。培育壮大疫情防控中催生的新业态新模式，准确把握数字化、智能化、绿色化、融合化发展趋势，加快推进新型基础设施建设。二是投资数字经济发展领域。聚焦人工智能、5G、大数据、区块链、生命科学等新技术领域，推动数字经济产业化和传统产业数字化，以数字化赋能提升内循环发展水平。三是以应用为牵引，推动前沿科技应用场景投资建设。丰富应用场景，推动智慧城市、智慧医疗、智能交通、智能装备制造等产业提升发展水平，夯实内需基础。四是加强医疗、教育、养老等民生领域"补短板"投资，提升社会保障水平，消除居民消费后顾之忧。

（三）高水平对外开放为高质量发展注入新动力

当今世界正经历百年未有之大变局，我国发展的外部环境正在发生深刻复杂变化。和平与发展仍然是时代主题，同时国际环境日趋复杂，不稳定性不确定性明显增强。当前和今后一个时期，我国发展仍然处于战略机遇期，但机遇和挑战都有新的发展变化。开放带来进步，封闭必然落后。对外开放是我国经济发展的不竭动力。面对外部环境更加不稳定不确定带来的挑战，我们要在提高对外开放水平上下功夫，推动改革和开放相互促进，通过融入国际循环有效助力国内大循环提质升级，为高质量发展注入中长期动力。党的十九届五中全会强调指出，坚持实施更大范围、更宽领域、更深层次对外开放，依托我国大市场优势，促进国际合作，实现互利共赢。

建设更高水平开放型经济新体制。维护完善多边贸易体制，维护世界贸易组织在多边贸易体制中的核心地位，积极推动和参与世界贸易组织改革，积极参与多边贸易规则谈判，推动贸易和投资自由化便利化，推动构建更高水平的国际经贸规则。推动制造业、服务业、农业扩大开放，在更多领域允许外资控股或独资经营，全面实行准入前国民待遇加负面清单管理制度，有序扩大服务业对外开放，依法保护外资企业合法权益，健全促进和保障境外投资的法律、政策和服务体系，坚定维护中国企业海外合法权益，实现高质量引进来和高水平走出去。完善外商投资准入前国民待遇加负面清单管理制度，有序扩大服务业对外开放，依法保护外资企业合法权益，健全促进和保障境外投资的法律、政策和服务体系，坚定维护中国企业海外合法权益，实现高质量引进来和高水平走出去。

推动共建"一带一路"高质量发展。共建"一带一路"是增进民生福祉、推动共同发展的重要途径，是构建人类命运共同体的重要实践平台。坚持共商共建共享原则，秉持绿色、开放、廉洁理念，深化务实合作，共建"一带一路"实践展现出强大韧性和旺盛活力。要坚持共商共建共享原则，秉持绿色、开放、廉洁理念，深化务实合作，加强安全保障，促进共同发展。推进基础设施互联互通，拓展第三方市场合作。构筑互利共赢的产业链供应链合作体系，完善经贸合作的利益分配机制，形成互利性更强的新型合作模式。坚持以企业为主体，以市场为导向，遵循国际惯例和债务可持续原则，健全多元化投融资体系。推进战略、规划、机制对接，加强政策、规则、标准联通。深化公共卫生、数字经济、绿色发展、科技教育合作，促进人文交流。

积极参与全球治理体系改革和建设。积极参与世界贸易组织改革，推动不断完善开放、透明、包容、非歧视的多边贸易体制。积极参与联合国、二十国集团、亚太经合组织、金砖国家等机制合作，推动相关机制合作发挥全球经济治理主要平台作用，共同提高新兴市场和发展中国家在全球经济治理领域的发言权和代表性，推动国际宏观经济政策沟通协调。加快中欧投资协定、中日韩等自由贸易协定谈判进程，共同维护地区产业链供应链稳定，加快构筑起立足周边、辐射"一带一路"沿线国家、面向全球的高标准自由贸易区网络。积极参与新兴领域全球合作与规则制定，促进建立开放、安全的全球数字经济发展环境。

（四）加快发展现代产业体系

发展现代产业体系，推动经济体系优化升级，既是建设现代化经济体系、推动经济高质量发展的必然要求，也是重塑我国产业竞争新优势、构建新发展格局的重要举措。"十四五"时期，要坚持把发展经济着力点放在实体经济上，坚定不移建设制造强国、质量强国、网络强国、数字中国，推进产业基础高级化、产业链现代化，提高经济质量效益和核心竞争力。

1. 深入实施制造强国战略。推进制造强国建设是我国振兴实体经济、做强制造业必须坚持的重大战略。要瞄准我国与世界主要制造强国的差距，大力提升制造业根植性和竞争力，进一步完善科技创新、现代金融和人力资源更好服务实体经济的体制机制,促进高端要素向制造业领域汇聚,不断增强制造业竞争优势,推动制造业高质量发展,实现制造业由大到强的转变。

实施产业基础再造工程,加快补齐基础零部件及元器件、基础软件、基础材料、基础工艺和产业技术基础等瓶颈短板。实施重大技术装备攻关工程,推动首台(套)装备、首批次材料、首版次软件示范应用,完善国家质量基础设施,加强标准、计量、专利等体系和能力建设。

提升产业链供应链现代化水平。优化区域产业链布局,引导产业链关键环节留在国内,强化中西部和东北地区承接产业转移能力建设。培育一批具有生态主导力和核心竞争力的龙头企业,培育专精特新企业和制造业单项冠军企业。强化技术安全评估,加强国际产业安全合作,推动产业链供应链多元化,形成更具创新力、更高附加值、更安全可靠的产业链供应链。

推动制造业优化升级。培育先进制造业集群、深入实施质量提升行动、鼓励企业扩大制造业设备更新和技术改造投资,全面提高制造业劳动生产率、利润率和竞争力,打造若干世界级产业集群,提升制造业智能化绿色化高端化水平。

实施制造业降本减负行动。当前,我国综合性生产成本相对偏高,制度性交易成本、融资成本等仍有较大下降空间。"十四五"时期要加快解决这一突出矛盾,持续推进减税降费、创新用地供给、加强金融支撑、完善服务机制等工作,多措并举降低制造业企业综合成本,提升制造业根植性和竞争力。

2. 发展壮大战略性新兴产业。战略性新兴产业代表着新一轮科技革命和产业变革的方向,是引导未来经济社会发展的重要力量。"十四五"时期,要着眼于抢占未来产业发展先机,培育先导性和支柱性产业,推动战略性新兴产业融合化、集群化、生态化发展。

聚焦新一代信息技术、生物技术、新能源、新材料、高端装备、新能源汽车、绿色环保以及航空航天、海洋装备等产业,加快核心技术创新应用要推动互联网、大数据、人工智能等同各产业特别是制造业的深度融合,大力发展先进制造业集群,培育新技术、新产品、新业态、新模式,促进平台经济、共享经济健康发展。前瞻谋划未来产业,通过实施未来产业孵化与加速计划,健全适应技术迭代的政策体系,打造未来技术应用场景,推动类脑智能、量子信息、未来网络、深海空天开发等前沿颠覆性技术突破和产业化发展,为战略性新兴产业培育接续产业。

3. 促进服务业繁荣发展。现代服务业既是我国产业体系的短板,也是产业结构优化升级的方向。要聚焦产业转型升级和居民消费升级需要,扩大服务业有效供给,构建优质高效、结构优化、竞争力强的服务产业新体系。

推动生产性服务业融合化发展,要突出服务制造业高质量发展的导向,推动现代服务业与先进制造业、现代农业深度融合,推动生产性服务业向专业化和价值链高端延伸,培育具有国际竞争力的服务企业。加快生活性服务业品质化发展,要以提升便利度和改善服务体验为导向,以更好满足人民群众消费需求为目标。推动生活性服务业高品质、多样化升级和诚信化、职业化发展。深化服务领域改革开放,鼓励社会力量扩大多元化多层次服务供给。

(五) 推动区域协调发展形成高质量发展的新动力源

党的十九届五中全会通过的《中共中央关于制定国民经济和社会发展第十四个五年规划和二〇三五年远景目标的建议》提出,坚持实施区域重大战略、区域协调发展战略、主体功能区战略,健全区域协调发展体制机制,完善新型城镇化战略,构建高质量发展的国土空间布局和支撑体系。当前,面对国内外发展环境的深刻复杂变化,面对人民日益增长的美好生活需要,优化区域经济布局、促进区域协调发展,对于解决我国发展不平衡不充分问题、推动高质量发展至关重要。

第一,深入实施区域重大战略。构建全国高质量发展的新动力源,打造世界级创新平台和增长极。加快推动京津冀协同发展，要紧紧抓住疏解北京非首都功能这个"牛鼻子"，高标准高质量建设雄安新区，落实好推动天津滨海新区高质量发展的相关政策。深化协同创新和体制改革，优化区域营商环境，完善监管机制，着眼区域整体发展、立足各自禀赋条件促进优势互补，实现"1+1+1>3"的总体效果。全面推动长江经济带发展，要坚持生态优先、绿色发展和共抓大保护、不搞大开发，协同推动生态环境保护和经济发展。维护流域生态系统原真性和完整性，加强生态环境污染治理和保护修复，加快建设生态优先绿色发展先行示范区。推进粤港澳大湾区建设，要不断提升市场一体化水平，增强大湾区经济和科技实力，提高居民生活品质，促进港澳融入国家发展大局。发挥好河套、前海等重点平台功能，带动粤港澳深化合作。实施长三角一体化发展战略，要打破行政壁垒、提高政策协同，完善轨道交通、内河运输等网络体系，推进港口群一体化治理，高水平建设长三角生态绿色一体化发展示范区，打造高质量发展的引擎和典范。

积极推进黄河流域生态保护和高质量发展，要分区施策加强生态建设，加大上游水源涵养、中游水土保持、下游黄河三角洲湿地保护力度，推进建设沿黄生态带。坚持节水优先，推进水资源节约集约利用。全面实施深度节水控水行动，限制高耗水产业发展，抑制各类不合理用水需求。推进兰州—西宁城市群、黄河"几"字湾都市圈协同发展，强化西安、郑州国家中心城市带动作用，发挥山东半岛城市群龙头作用，推动沿黄地区形成特色鲜明的高质量发展区域布局。

第二，深入实施区域协调发展战略。推动西部大开发形成新格局，要结合区位特征，补上发展短板，形成大保护、大开发、高质量发展的新格局，促进经济发展与人口、资源、环境相协调。发挥成渝地区双城经济圈带动作用，促进西北地区与西南地区合作互动。要加快发展特色优势产业，积极融入"一带一路"建设，保护好祁连山等重要生态功能区。推动东北振兴取得新突破，要破解体制机制障碍，激发市场主体活力。利用地理优势，打造辽宁沿海经济带，建设长吉图开发开放先导区，深入推进与周边国家经贸合作。要推动传统优势产业改造升级，大力发展寒地冰雪等特色产业，加快发展现代农业。促进中部地区加快崛起，要加强省际协作，进一步优化空间布局，推动长江中游城市群协同发展，更好释放聚合效应，推动高质量发展。加快交通等基础设施建设，提升公共服务保障能力和水平。要提高关键领域自主创新能力，发展先进制造业，在长江、京广等沿线建设一批中高端产业集群，为加快形成强大国内市场提供支撑。鼓励东部地区加快推进现代化，东部地区要继续发挥改革开放先行、综合创新能力强、现代制造领先、服务业高端等优势，率先带动全国经济现代化，引领我国参与国际经济竞争。有序推进东部沿海产业向中西部地区转移，促进东中西、南北方经济协调高质量发展。

支持革命老区、民族地区加快发展，要先巩固拓展脱贫攻坚成果，培育壮大特色产业，提升老区基础设施和基本公共服务水平，大力改善边境地区生产生活条件。支持革命老区利用好特色资源，在保护好生态的前提下发展特色优势产业。

（六）推动脱贫攻坚与乡村振兴有效衔接

2021年2月25日，习近平总书记在全国脱贫攻坚总结表彰大会上庄严宣告，我国脱贫攻坚战取得了全面胜利，标志着我们党在团结带领人民创造美好生活、实现共同富裕的道路上迈出了坚实的一大步。脱贫摘帽不是终点，而是新生活、新奋斗的起点。让脱贫基础更加稳固、成效更可持续，必须推动脱贫攻坚与乡村振兴有效衔接。

1. 着力巩固拓展脱贫攻坚成果。保持主要帮扶政策总体稳定并分类优化调整。在过渡期内要严格落实摘帽不摘责任、摘帽不摘政策、摘帽不摘帮扶、摘帽不摘监管这"四个不摘"要求，保持主要帮扶政策总体稳定，切实把握好调整的节奏、力度和时限。兜底救助类政策继续保持稳定，民生保障政策根据脱贫人口实际困难给予适度倾斜，发展类政策进一步优化。政策衔接要坚持"新政策不出、旧政策不退"，在新政策出台实施前，要严格按照原有政策执行，切实避免政策支持滑坡断档、影响脱贫成果巩固。

保持现有的各方面投入，保持财政投入力度总体稳定，强化易地扶贫搬迁后续扶持，持续推进脱贫劳动力就业帮扶。做好易地搬迁后续扶持工作，要聚焦深度贫困地区、大型特大型搬迁安置区，完善后续扶持政策体系，持续巩固易地搬迁脱贫成果。突出抓好搬迁人口产业就业帮扶，深入开展异地搬迁就业专项帮扶行动，用好东西部劳务协作机制。要加强服务保障，加快完善安置区配套基础设施和公共服务。就业帮扶的政策和工作力度不能削弱，脱贫地区要加大劳务输出组织力度，支持其稳定就业，扩大以工代赈实施范围，对劳动力要加强职业教育和技能培训，稳定其就业能力。

健全农村低收入人口常态化帮扶机制。要分层分类实施社会救助，完善最低生活保障制度，健全低保标准制定和动态调整机制。完善农村特困人员救助供养制度，合理提高救助供养水平和服务质量。要完善农村医疗保障制度，统筹发挥基本医保、大病保险、医疗救助三重保障制度综合梯次减负功能，逐步建立防范因病致贫返贫风险的长效机制。夯实医疗救助托底保障。要织密兜牢失能人口基本生活保障底线，对于脱贫人口中完全或部分丧失劳动能力且无法通过产业就业获得稳定收入的人口，要按规定纳入农村低保或特困人员救助供养范围，并按困难类型及时给予专项救助、临时救助等。

要建立健全巩固拓展脱贫攻坚成果长效机制。巩固拓展脱贫攻坚成果是实现有效衔接的基础。加强防止返贫动态监测和帮扶是从制度上预防解决返贫问题的有效举措。对不稳定户、边缘户要开展动态管理，实现对易返贫致贫人口的快速发现和响应，做到动态清零。

2. 加快推进脱贫地区乡村全面振兴。要坚持把脱贫县作为推进乡村振兴的重点进行帮扶支持，因地制宜制定切实有效的帮扶政策和措施，增强其巩固脱贫成果能力及内生发展动力，确保脱贫县在新征程中不掉队。国家层面上确定一批国家乡村振兴重点帮扶县，从财政、土地、人才等方面给予集中支持。支持革命老区、民族地区、边疆地区巩固脱贫攻坚成果和乡村振兴。其余的脱贫县,主要由所在省统筹资源力量进行支持帮扶。

要支持脱贫地区乡村特色产业发展壮大。要加快培育特色优质乡村产业,立足各地农业农村资源实际,因地制宜确定产业发展主攻方向,打造区域支柱性产业。要强化脱贫地区产业发展支撑,加快仓储保鲜、冷链物流等现代设施装备建设,充分发挥科技特派员作用。要增强脱贫地区产业抗风险能力,完善全产业链支持措施,深化消费帮扶,适应市场消费需求变化。要提升产业带动增收效果,完善利益联结机制,加强帮扶项目资产监管,更好带动脱贫地区群众脱贫致富。

要持续改善脱贫地区农村基础设施。继续加大对脱贫地区基础设施建设的支持,重点谋划建设一批高速公路、客货共线铁路、水利、电力、机场、通信网络等区域性和跨区域重大基础设施建设工程。支持脱贫地区因地制宜推进农村厕所革命、生活垃圾和污水治理、村容村貌提升,继续实施农村危房改造。

三、高质量发展必须坚持系统观念

走好高质量发展之路,要坚持系统思维,树立长远眼光,保持久久为功的战略定力。高质量发展不只是一个经济要求,而是对经济社会发展方方面面的总要求;不是只对经济发达地区的要求,而是所有地区发展都必须贯彻的要求;不是一时一事的要求,而是必须长期坚持的要求。把握高质量发展的主题和总要求,就要加强前瞻性思考、全局性谋划、战略性布局、整体性推进,将高质量发展体现到经济社会生活的方方面面,使各方面工作统筹推进、相得益彰,形成发展合力,为全面建设社会主义现代化国家夯实发展之基。

坚持系统观念,必须加强前瞻性思考。准确把握"十三五"时期经济社会发展取得的巨大成就、奠定的坚实基础、积累的宝贵经验,深刻洞察时代方位和发展大势，深入分析当前我国发展环境面临的深刻复杂变化，切实增强机遇意识和风险意识，抓住机遇，应对挑战，趋利避害，奋勇前进。着眼实现第二个百年奋斗目标、锚定2035年远景目标，务实推动"十四五"时期经济社会发展各项工作，确保实现主要目标，实现经济行稳致远、社会安定和谐。

坚持系统观念，必须加强全局性谋划。紧扣国内国际两个大局、党和国家工作全局，统筹全面建设社会主义现代化国家各领域各方面，作出顶层设计，进行总体构架。要统筹推进经济建设、政治建设、文化建设、社会建设、生态文明建设"五位一体"总体布局，协调推进全面建设社会主义现代化国家、全面深化改革、全面依法治国、全面从严治党"四个全面"战略布局。坚定实施科教兴国战略、人才强国战略、创新驱动发展战略、乡村振兴战略、区域协调发展战略、可持续发展战略、军民融合发展战略等全局性的重大战略。

坚持系统观念，必须加强战略性布局。紧扣我国社会主要矛盾的变化，以满足人民日益增长的美好生活需要为根本目的，以改革创新为根本动力，坚定不移贯彻新发展理念，坚持稳中求进工作总基调，推动高质量发展，深化供给侧结构性改革，推进国家治理体系和治理能力现代化，持续用心用情用力解决发展不平衡不充分的问题。

坚持系统观念，必须加强整体性推进。要处理好局部和全局、当前和长远、治标和治本、渐进和突破、重点和非重点的关系。既注重抓全面、系统、整体推进，又注重抓主要矛盾和矛盾的主要方面，实现重要领域和关键环节的突破。要推动西部大开发形成新格局，促进中部地区加快崛起，推进东北等老工业基地振兴取得新突破，鼓励东部地区加快推进现代化。稳步推进"一带一路"建设、京津冀协同发展、长江经济带发展、粤港澳大湾区建设、长三角一体化发展、黄河流域生态保护和高质量发展、海南自由贸易港建设、成渝地区双城经济圈建设等重大战略，促进全国发展整体性推进。

坚持系统观念，必须统筹国内国际两个大局。注重统筹中华民族伟大复兴战略全局和世界百年未有之大变局，把握发展规律，发扬斗争精神，准确识变、科学应变、主动求变，善于在危机中育先机、于变局中开新局，办好发展安全两件大事。

坚持系统观念，必须坚持全国一盘棋，更好发挥中央、地方和各方面积极性。注重坚持向改革要活力，完善宏观经济治理和财税金融体制，明晰中央和地方政府事权和支出责任，健全省以下财政体制，增强基层公共服务保障能力，为基层探索创新充分赋能。注重着力激发各类市场主体活力，坚持和完善社会主义基本经济制度，构建高水平社会主义市场经济体制，加快转变政府职能、优化营商环境，推动有效市场和有为政府更好结合。注重坚持和完善人民代表大会制度、中国共产党领导的多党合作和政治协商制度、民族区域自治制度，全面贯彻党的宗教工作基本方针，健全基层群众自治制度，发挥群团组织作用，完善大统战工作格局，巩固和发展大团结大联合局面。注重推动构建新型国际关系和构建人类命运共同体，积极营造良好外部环境。

坚持系统观念，必须实现发展质量、结构、规模、速度、效益、安全相统一。要深入贯彻新发展理念，坚持创新驱动，实现绿色发展，推进区域协调发展、城乡统筹发展，改善人民生活品质，推动新型工业化、信息化、城镇化、农业现代化同步，实行更高水平的对外开放，处理好发展中面临的一系列突出矛盾和问题，实现更高质量、更有效率、更加公平、更可持续、更为安全的发展。

4 加快培育完整内需体系
——畅通国内大循环、促进国内国际双循环

加快培育完整内需体系,是党中央深刻洞悉国内国际发展大势作出的重大科学判断和战略选择。我国已转向高质量发展阶段,近年来经济增长主要依靠内需拉动。大型开放经济体一直都是以内循环为主体的,我国作为世界第二大经济体,近年来国内需求不断增加,我国经济已经逐渐向以国内大循环为主体转变,未来经济增长的动力源将更大程度上依赖内需。当前和今后一个时期,我国发展仍处于重要战略机遇期。我们必须坚持扩大内需战略基点,加快培育完整内需体系,加快构建以国内大循环为主体、国内国际双循环相互促进的新发展格局,牢牢把握发展主动权。

一、畅通国内大循环

习近平总书记指出:"在当前保护主义上升、世界经济低迷、全球市场萎缩的外部环境下,我们必须充分发挥国内超大规模市场优势,通

4. 加快培育完整内需体系

过繁荣国内经济、畅通国内大循环为我国经济发展增添动力，带动世界经济复苏。""十四五"和未来一个时期，国内经济大循环的重要性会进一步上升，将吸引更多国际商品和要素流向我国。这不仅有利于满足国内市场需求，还有利于提升我国供给体系质量和水平。畅通国内大循环，是构建以国内大循环为主体、国内国际双循环相互促进的新发展格局的首要方面。

国内大循环主要是指经济大循环，重点包括三个层面的内涵。

一是国民经济活动的大循环，主要是指社会再生产全过程，即生产、分配、流通、消费的国民经济活动往复循环。生产是起点，消费是终点，流通和分配是中间连接的桥梁和纽带。生产是起决定作用的环节，包括简单再生产和扩大再生产。分配是生产关系的重要体现，包括对劳动者的补偿和生产资料的增加；社会再生产的协调顺利发展，客观上要求将生产资料和劳动力等社会资源按照一定比例合理分配到国民经济的各个部门。流通作为一个相对独立的能动因素，促进或阻碍生产的发展，直接关系着再生产能否顺利进行和发展。流通既是生产的结果，又是生产的前提。流通既包括商贸、物流、交通等传统小流通，也包括支撑资金、信息流动的现代大流通。消费是社会再生产过程中的一个重要环节，也是最终环节。生产决定消费，消费反过来也会对生产起作用。消费是物质资料生产的总过程和最终的目的和动力，一切经济活动最终都是为了满足需求而进行的。

二是实体经济和金融协调发展的大循环。实体经济是国民经济的根基，金融是实体经济的血脉。经济大循环是实物运动循环和价值运动循环的结合，是实体的商品生产、分配、流通、消费过程与货币资金运动在社会再生产过程中的合理分配、流动循环相结合的过程。金融与实体经济良性互动、循环，是国家金融稳定和安全的基础，也是实现国民经济可持续发展的保障。

三是在国内地域空间范围的大循环。由于国家各个地区资源禀赋、要素条件、发展阶段等存在差异，只有发挥比较优势，积极参与社会再生产过程的分工和合作，才能够较好地实现经济发展。在当今社会分工日益深化的条件下，经济大循环必然体现为社会再生产在地域空间意义上的循环，包括国内城乡和区域间的循环，形成优势互补、协调联动的城乡区域发展体系。

（一）实施扩大内需战略

中国特色社会主义进入新时代，坚定实施扩大内需战略，既是满足人民美好生活需要的必然要求，也是推进经济高质量发展的主动选择。畅通国内大循环，要坚持扩大内需这个战略基点，依托强大国内市场，贯通生产、分配、流通、消费各环节，打破行业垄断和地方保护，形成国民经济良性循环。庞大的国内需求是我国最大的优势，要深入实施扩大内需战略，增强我国经济发展的内生动力，使我国发展立于不败之地。

（二）提升科技创新能力

尽管经过多年努力，我们已经成长为创新大国，但离创新强国仍有距离，尤其对于芯片等"卡脖子"的关键领域的技术创新仍存在明显的短板，这是我们内循环里特别突出、自己目前还解决不好的问题。应深入实施创新驱动发展战略和科教兴国战略，以科技创新催生新发展动能，在改革创新、开放合作中加快新旧动能转换，实现依靠创新驱动的内涵式增长。

1. 打好关键核心技术攻坚战。我国生物健康、新型显示、现代通信等重要产业的核心技术、基础研发工具、关键部件和工艺设备等受制于人，存在明显断链风险，导致产业循环不畅。急需聚焦"卡脖子"环节，加强联合攻关，尽快取得实质性突破，这是关系我国发展全局的重大问题。要以新型举国体制攻关"卡脖子"的关键技术，支持内循环。在借鉴"两弹一星"经验的同时，一定要加上市场经济条件。比如芯片不能只是停留在科研阶段的试验样品和开始生产时的较小批量，它最后一定要在市场上形成大批量、源源不断、高稳定性、高质量提供成品的供给能力，而占据超过一定临界点的国际市场份额，才标志着终于攻关成功。

2. 切实加强基础研究。习近平总书记在科学家座谈会上的重要讲话中指出，持之以恒加强基础研究，基础研究是科技创新的源头。近年来，我国科技创新取得重大成就，但在基础研究领域与世界先进水平相比仍存在不小差距，需要奋起直追。我国研发资金中用于基础研究的比例仅为6%左右，与发达国家相差数倍。我们必须加大基础研究投入，提高基础研究水平，完善基础研究体系。习近平总书记指出："要加大基础研究投入，首先是国家财政要加大投入力度，同时要引导企业和金融机构以适当形式加大支持，鼓励社会以捐赠和建立基金等方式多渠道投入。"国家财政要加大投入力度，鼓励长期坚持和大胆探索，为建设科技强国夯实基础。中央财政持续加大对基础研究的支持力度。通过部省联合组织实施国家重大科技任务和共建科研基地等方式，推动地方加大基础研究投入，强化地方财政对应用基础研究的支持。拓宽基础研究经费投入渠道，引导社会各方面更加关心基础研究，鼓励社会以适当方式多渠道投入基础研究。逐步提高基础研究占全社会研发投入比例。积极推动与各行业设立联合基金。引导和鼓励企业加大对基础研究和应用基础研究的投入力度。鼓励社会资本投入基础研究，支持社会各界设立基础研究捐赠基金。

3. 大力提升企业技术创新能力。企业是创新的发动机，人才、资金、技术等创新的资源要素只有通过企业才能有效组合，转化为现实生产力，进而促进经济循环。强化企业创新主体地位。健全企业主导的产业技术研发机制，发挥企业家在创新中的关键作用，支持企业牵头与国内外高校和科研机构共建创新联合体，组织面向市场的重大科技攻关项目，促进新技术快速大规模应用和迭代升级。建立创新型企业梯度培育机制。发挥龙头企业、科技领军企业引领支撑作用，实施科技领军企业打造行动，实施高新技术企业和科技型中小企业"双提升"计划，创新科技型中小企业支持政策，支持创新型中小微企业成为创新重要发源地，实施科技企业孵化器和众创空间提升计划，大力发展专业化国际化众创空间。推进产学研用深度融合，发展一批产业技术创新联盟，建立从产业中凝炼科学问题机制，打造科技、教育、产业、金融紧密融合的创新体系。

4. 加快完善科技创新体制机制。我国现行科技创新体制主要是在计划经济向社会主义市场经济转轨时期形成的，与加快建设科技强国、实现创新驱动发展还不适应，资源配置重复、科研力量分散、创新主体功能定位不清晰等问题比较突出。习近平总书记强调："推进自主创新，最紧迫的是要破除体制机制障碍，最大限度解放和激发科技作为第一生产力所蕴藏的巨大潜能。"完善科技创新体制机制，要坚持目标导向和问题导向，以优化科技资源配置、激发创新主体活力、完善科技治理机制为着力点，深化新一轮科技体制改革，加强科技力量统筹。优化调整重大科技任务组织实施机制，优化国家科技规划体系和运行机制，分类推进重大任务研发管理，完善充分激发科技人员创造性的科研管理方式，建立重大科技任务应急反应机制。完善科技创新能力开放合作机制，有效提升科技创新合作的层次和水平，实施更加开放包容、互惠共享的国际科技合作战略，积极参与和构建多边科技合作机制。构建国际化人才制度和科研环境，形成有国际竞争力的人才培养和引进制度体系。

（三）推动区域协调发展

城乡区域是构建新发展格局的空间载体，城乡区域经济循环是国内大循环的重要方面。目前，我国城乡区域之间经济循环还存在不少堵点，促进城乡区域间要素自由有序流动、激发城乡区域优势是构建新发展格局的应有之义，可为新发展格局构建广阔的纵深空间、多梯度增长与多样化发展的载体支撑。

1. 发挥重大战略实施的引领作用。京津冀、长三角和粤港澳大湾区是支撑我国经济创新增长的重要动力源，发挥三地的综合优势可率先在畅通经济循环上取得新突破。河北省聚焦落实重大国家战略，优化提升环京津核心功能区、沿海率先发展区、冀中南功能拓展区、冀西北生态涵养区功能。环京津核心功能区，重点抓好北京非首都功能疏解承接工作。沿海率先发展区，重点发展战略性新兴产业、先进制造业以及生产性服务业，打造环渤海高质量发展新高地。冀中南功能拓展区，重点承担农副产品供给、科技成果产业化及高新技术产业发展功能。冀西北生态涵养区，重点发挥生态保障、水源涵养、旅游休闲等功能。

2. 统筹新型城镇化和乡村振兴战略实施。推进以人为核心的新型城镇化，需要发挥中心城市和城市群的带动作用。需要进一步提升城镇综合承载力，需要推进宜居城市建设，这个过程将创造巨大的需求。此外，全面实施乡村振兴战略，深化农业供给侧结构性改革，可进一步激发农村农业发展潜力，形成更多新增长点。为此，应全面提高城镇化水平和质量，积极发挥县城和乡镇的城乡循环支点作用，以工补农、以城带乡，促进城乡要素双向流动和城乡协作互动，加快形成城乡循环联动新格局。

3. 着力拓展海洋发展新空间。我国既是陆地大国，也是海洋大国，海洋同样具有广阔的发展潜力和空间。"十四五"时期，河北省将坚持港口带动、陆海联动、港产城融合发展，大力发展临港产业、海洋经济，打造融入"一带一路"和国内国际双循环的战略枢纽，构筑环渤海开放发展新高地。打造内通外联的海陆枢纽。实施港口转型升级工程，把秦皇岛港打造成国际知名旅游港和现代综合贸易港，把唐山港打造成服务重大国家战略的能源原材料主枢纽港、综合贸易大港和面向东北亚开放的桥头堡，把黄骅港打造成现代化综合服务港、国际贸易港和雄安新区便捷出海口。完善秦皇岛港、唐山港、黄骅港集疏运体系，谋划建设雄安新区到黄骅港快速通道，积极发展陆海联运业务，加快建成富有竞争力的现代化港口群。大力发展临港产业和海洋经济。做大做强临港产业，推动钢铁、重型装备、石化等重化产业向沿海集聚，大力发展海洋经济，科学开发利用海洋资源，培育海洋经济新业态，打造现代海洋产业体系。打造现代化沿海城市。支持唐山建设东北亚地区经济合作窗口城市、环渤海地区新型工业化基地、首都经济圈重要支点。支持秦皇岛建设全国高新技术产业及先进制造业基地、国际滨海休闲度假之都、健康城、一流国际旅游城市。支持沧州建设全国一流合成材料基地、中国大运河文化重要承载地、环渤海地区重要现代化工业城市。

二、促进国内国际双循环

立足国内大循环，协同推进强大国内市场和贸易强国建设，形成全球资源要素强大引力场，促进内需和外需、进口和出口、引进外资和对外投资协调发展，加快培育参与国际合作和竞争新优势。

国内国际循环是不可分割的统一整体。一方面，要着力打通制约生产、分配、流通、消费各环节的大循环梗阻，培育形成强大国内市场，通过提升国内大循环水平，更好促进国际循环。另一方面，要促进国内市场和国际市场更好联通，更好利用国际国内两个市场、两种资源，通过国际循环更好促进国内大循环。二者缺一不可。

（一）存在的主要问题

作为全球第二大经济体和第二大市场，我国拥有完整的产业体系和全球规模最大、最具成长性的中等收入群体，社会主义市场经济制度日臻完善，自主创新能力加速提升，但也存在一些梗阻和问题，急需切实解决。

1. 关键核心技术制约产业循环。电子信息、生物健康等重要产业的基础研发工具、关键部件和工艺设备等高端产品和核心技术受制于人，供给处于瓶颈或"卡脖子"状态，大到现代科研仪器设备、精密机床、半导体加工设备等，小到高铁的螺丝钉、芯片等，对外依存度明显过高，存在供应链断链的风险。

2. 连接生产和消费的分配环节存在明显的结构性梗阻。受制于居民收入来源较单一、财产性收入偏低等原因，中国居民可支配收入占国民可支配收入的比重，在世界主要经济体中处于中等偏低水平，与美国、英国、意大利、德国等西方发达国家仍存在一定差距。从分配过程来看，在初次分配过程中，中国居民初次分配收入占国民总收入比重偏低，居民收入来源较单一，且财产性收入偏低。而再分配过程中，中国的税收和社会保障体系的限制决定了政府再分配调节力度有限。

3. 需求潜力巨大和有效需求不足并存。2019年以来，中国总体平衡发展水平正稳步提升并高于世界平均水平，但中国消费占GDP比重还处于国际较低水平、居民可支配收入波动较大、内循环有效需求不足的问题依旧凸显。从居民收入水平来看，根据最新测算，2018~2019年，中国居民可支配收入呈下降趋势，而中国企业可支配收入占比持续攀升且明显偏高。同时期，多数发达国家居民可支配收入占比则呈现较稳定的逐步上升态势。

4. 要素循环受阻。土地等传统要素流动存在体制机制障碍。从土地看，低价补偿与集体经营性建设用地入市价格差距较大；工业地价与住宅地价差距扩大。2015~2017年，住宅、工业地价涨幅差距分别为1.5%、1.6%、7.2%。从劳动力看，常住人口的城镇化率为60.65%，但2020年中国户籍城镇化率为45.15%，这当中相差15个百分点，表明越来越多的农民工虽然居住在城市，但没有享受平等的公共服务。技术、数据等新型要素市场规则建设有待完善，要素产权不清晰、市场化交易机制不健全，数字孤岛现象较为突出。

（二）把握双循环的基本逻辑

1. 明确双循环的目标。要将突破关键核心技术作为主攻方向，着力增强自主创新能力。发挥新型举国体制优势，让市场在科技资源配置中发挥决定性作用的同时，更好地发挥政府作用，加快关键核心技术攻关。顺应新一轮科技革命和产业变革蓬勃兴起的趋势，加快推进数字经济、智能制造、新材料等前沿领域的科技创新和产业发展。善于利用两个市场、两种资源，加强国际科技合作，加大国际化科技孵化平台、离岸创新中心等新型平台建设力度，探索构建开放式自主创新体系，走开放创新道路。

2. 把握双循环的战略基点。坚持扩大内需这个战略基点，释放国内需求潜力，使生产、分配、流通、消费更多依托国内市场，形成国民经济良性循环。鼓励居民扩大消费，引导企业扩大投资。大都市圈和城市群是扩大内需的主要载体，要深化户籍制度、土地制度改革，推动新型城镇化建设，使城市群成为国内大循环的核心枢纽和战略支点。与此同时，通过切实减轻企业税费负担，完善知识产权保护制度，营造公平竞争的市场环境，增强市场主体的投资信心，鼓励扩大民间投资，引导社会资本参与新型基础设施建设和新型城镇化建设，促进扩大有效投资。

3. 把握双循环的主线。要将深化供给侧结构性改革作为主线，提升产业链、供应链发展水平。要推动短板产品国产替代，拓展国内供应商，培育可替代的供应链。以强大的国内市场为支撑，增强对产业链的控制力，提高供应链的安全性和可控性。

4. 把握双循环的枢纽。打通创新链、强化产业链、稳定供应链、提升价值链，是把握双循环的枢纽。打通创新链，加快自主创新的步伐；强化产业链，确保经济协调；稳定供应链，增强本国企业的合作力度；提升价值链，实现高水平对外开放。

5. 处理好双循环的关系。双循环新发展格局是在国际形势不稳定、国内经济下行压力较大的背景下作出的重要战略抉择，涉及整个经济社会体系的调整与转向。需处理好"三个关系"：一是处理好"引进来"和"走出去"的关系，通过双向投资协调发展促进国际产能合作和培育竞争新优势；二是处理好内需与外需关系，在强调内需大循环的同时，通过内需循环加速外需循环；三是处理好开放战略和区域战略的关系，实现区域高质量协调发展，开启高水平对外开放。

（三）推进更高水平对外开放

关起门来，不仅解决不了经济循环不畅问题，而且会使我国发展落后。要更好地利用两个市场两种资源，畅通国内国际经济循环，推动我国经济和世界经济生机勃勃充满活力，又增强发展的主动权和安全性。因此，要用足用好我国进入新发展阶段后的新优势、新机遇，建设更高水平开放型经济新体制，提升对外开放的质量和效益，促进国内国际双循环。

1. 着力推动"一带一路"大市场循环畅通

（1）推动"一带一路"设施联通。要让"一带一路"大市场循环起来，互联互通是关键，基础设施是互联互通的基石。然而，基础设施仍是"一带一路"沿线许多发展中国家面临的瓶颈，进一步推动"一带一路"设施联通，是畅通"一带一路"大市场循环面临的迫切任务。未来我国应同各方继续努力，通过建设高质量、可持续、抗风险、价格合理、包容可及的基础设施，推动各国充分发挥资源禀赋，更好融入全球供应链、产业链、价值链，实现上下游、供需端循环畅通。

（2）深化"一带一路"贸易畅通。贸易畅通是共建"一带一路"的重要内容，也是"一带一路"大市场循环的直接体现。未来，应以建设高水平国际运输通道为基础，以打造高质量经贸合作平台为载体，以完善贸易投资自由化、便利化机制为保障，以发展丝路电商等新业态、新模式为特色，在项目建设、开拓市场、金融保障、规范企业行为、加强风险防控等方面下工夫，着力推动我国与"一带一路"沿线贸易往来继续扩大、双向投资继续深化、产业合作积极拓展、三方合作和多边合作继续迈进。

（3）促进"一带一路"资金融通。资金融通是"一带一路"高质量发展十分重要的支撑和保障，是"一带一路"大市场循环的润滑剂。共建"一带一路"倡议提出以来，资金融通成就有目共睹，但与基础设施互联互通、贸易投资和国际产能合作等的巨大需求相比，融资能力仍有待提升。未来，应着力推动建立稳定、可持续、风险可控的金融服务体系，创新融资模式，建设多元化融资体系和多层次资本市场，让资金在"一带一路"沿线高效流动起来，推动"一带一路"金融和实体经济的良性循环。

（4）完善"一带一路"合作机制。从国际经验看，加强机制建设是重大合作倡议行稳致远的强大保障。一些关系全球治理变革和世界政治经济格局调整的重大合作倡议，在发展到一定阶段后，往往需要加强机制建设，推动组织机构实体化、政策磋商常态化、项目建设规范化，才能有效降低制度性交易成本，稳定各方预期，从而保证合作倡议持久深入推进。随着"一带一路"走深走实，需要加强合作机制建设，加大资金、人才等机制化投入力度，形成多层次合作架构，为"一带一路"大市场循环提供坚实的制度保障。

2. 以外贸高质量发展为抓手推动国内国际供需良性循环

（1）扩大进口更好联通国内国际市场。扩大进口是联通国内国际双循环的重要一招。一方面，扩大先进技术装备、关键零部件以及优质消费品和服务等进口，有利于优化我国生产要素供给、推动供给侧结构性改革，也有利于满足人民日益增长的美好生活需要，促进国内供需更高层次平衡。另一方面，在世界经济长期疲软的态势下，通过扩大进口向全世界分享我国经济增长和结构转型升级带来的机遇，有利于为各国优质商品和服务提供有效市场需求，推动全球范围内的供需平衡。未来应用足用好超大规模市场这张王牌，着眼于促进国内国际双循环，更好地利用国际资源推动经济高质量发展，使我国成为全球商品和服务的巨大引力场。

（2）提升出口质量增强国际供给能力。出口是开放型经济条件下促进国内国际双循环的重要途径。一方面，出口有利于缓释乃至消除国内过剩储蓄，促进国内储蓄与投资、供给与需求的平衡。另一方面，出口增加了国际供给，在国际市场上形成更加充分的竞争，推动国际市场供需平衡和循环。需适应世界经济疲软、外需长期不振、保护主义抬头的外部环境基本特征，变规模速度型增长为质量效益型增长，走优质优价道路，不断增强出口产品的国际市场竞争力。

（3）适应全球疫情防控发展服务贸易。近年来，在货物贸易疲弱不振的同时，跨境服务贸易快速增长，已成为国际贸易的新亮点和增长点。WTO预测，服务贸易占全球贸易的份额将在2030年达到25%，较当前份额上升9个百分点。特别是2020年以来，在疫情全球大流行期间，远程医疗、在线教育、共享平台、协同办公、跨境电商等服务广泛应用，对促进各国经济稳定、推动国际抗疫合作发挥了重要作用。在疫情防控常态化趋势下，服务业开放合作正日益成为推动世界经济发展和畅通国际市场循环的重要力量。

（4）顺应科技革命发展新型贸易业态。在新一轮科技革命推动下，跨境电商等新型贸易业态快速成长，成为国际贸易发展的重要趋势。WTO预计，到2030年，物联网、区块链等新技术可将全球贸易增速提高2%。未来，应顺应新一轮科技革命下国际贸易发展新趋势，用足用好我国电子信息、互联网、物联网等领域新优势，培育面向全球的贸易新业态、新模式。

三、加快培育完整内需体系的主要任务

（一）顺应居民消费升级趋势全面促进消费

培育完整内需体系，必须顺应消费升级趋势，增强消费对经济发展的基础性作用。

一是提升传统消费。汽车、住房等传统消费在居民消费结构中占比比较大。2020年，全国机动车保有量达3.72亿辆。巨大的汽车保有量使汽车消费量的扩张空间缩小，品质的提升需求扩大。新能源汽车、中高档汽车需求持续增加，汽车更新换代速度也在加快，为汽车产业发展拓展了新空间。我国深入推进以人为核心的新型城镇化，加快农业转移

人口市民化，解决新市民和年轻人的住房问题，每年还有一定的新增住房消费需求。加大城镇老旧小区、棚户区改造和农村危房改造力度，将释放更多的改善性更新需求。这些新增需求都是更高水平、更高质量的需求，对提升传统消费有很大促进作用。提升传统消费，关键是要以质量品牌为核心，朝着绿色、健康、安全的方向发展。

二是培育新型消费。新型消费增长是生活水平提高和科技进步的必然结果。应对新冠肺炎疫情以来，"云经济""云消费"无接触交易服务发展较快，表明发展消费新模式新业态、促进服务业线上线下融合、拓展服务内容、扩大服务覆盖面具有广阔发展空间，是提升消费的新增长点。

三是发展服务消费。居民消费从商品消费向服务消费转变提升是客观规律。2020年，我国人均服务业消费支出9037元，占居民人均消费支出的比重为42.6%。受体制机制和相关政策影响，我国健康、养老、育幼、文旅、体育等服务业准入门槛较高、开放程度不够，服务供给规模和质量还不高，标准化、品牌化建设不足，一些服务消费需求潜力尚未被充分激发出来。这要求放宽服务消费领域市场准入，推动生活性服务业向高品质和多样化升级。

四是适当增加公共消费。公共消费是内需的重要组成部分，必须在财政承受能力支持和可持续的前提下，适度增加公共消费，发挥其杠杆作用。《中共中央关于制定国民经济和社会发展第十四个五年规划和二〇三五年远景目标的建议》把公共消费作为全面促进消费的重要内容，提出适当增加公共消费。这有利于居民激发消费意愿、增强消费能力。

五是开拓城乡消费市场。2020年全国城镇和农村居民人均消费支出分别为27007元和13713元，城乡差距较大。在开拓城乡消费市场的基础上，更好发挥中心城市和城市群等优势地区带动作用，加快构建国内统一市场，健全现代流通体系，提高城乡配送效率，丰富适合农村消费者的商品供给，加强农产品供应链体系建设，促进工业品下乡和农产品进城双向流通。

（二）优化投资结构增强发展后劲

2021年《政府工作报告》中指出，优化投资结构，大力实施基础设施升级工程、新基建三年行动，加大战略性新兴产业、环保、民生等领域投资。2021年一季度，我国投资稳定恢复，结构优化向好。高技术产业投资增势良好。在创新驱动战略引领下，投资新动能不断壮大。一季度，高技术产业投资同比增长37.3%，两年平均增长9.9%，明显高于全部投资。民生领域补短板投资力度加大。各地积极推进交通、能源、水利等重大工程项目和信息网络等新型基础设施建设，基础设施投资恢复至2019年同期水平以上。一季度，基础设施投资同比增长29.7%，比2019年同期增长4.7%，两年平均增长2.3%。其中，铁路运输业投资增长66.6%，信息传输业投资增长62.7%，水利管理业投资增长42.5%，生态保护和环境治理业投资增长30.6%。

调整优化投资结构。首先要管好用好各级政府投资，增加薄弱领域的政府投资。聚焦关键领域和薄弱环节，发挥政府投资引导和撬动作用，统筹用好不同类型资金，加快补齐基础设施、市政工程、农业农村、生态环保、公共卫生、物资储备、防灾减灾、民生保障等领域短板。着眼长远发展，加强新型基础设施、新型城镇化、重大基础设施等领域投资。其次要进一步优化社会投资环境。支持民营企业和外资企业参与公共服务、基础设施建设以及政府采购项目。加强企业家财产保护，营造保护企业家合法权益的法治环境。加大信贷投放力度，进一步缓解小微企业融资难、融资贵问题。建立大型政策性融资担保基金，通过融资担保、再担保和股权投资等形式，为基础设施企业、中小企业提供信用增进服务。推动企业减负担降成本。继续降低增值税税率，清理和取消部分政府性基金和行政事业性收费，阶段性下调企业社会保险单位缴费比例，降低高速公路货车计重收费标准。加大对企业污染治理的财政补贴和财政投资力度。最后加大投资领域改革力度。探索地方债发行制度改革，将地方债的发债主体扩大到公共机构和公营企业。进一步调整优化政府间的投资事权和支出责任划分，中央政府和省级政府应承担更多的跨区域公共投资职责，地方政府应承担辖区内市政公用设施的提供职能，并负担具体项目的建设和实施。要解决乡村振兴过度依赖政府资金的问题，积极引导社会资本下乡，必须赋予基层乡镇政府一定的土地管理权和收入支配权。

（三）提升供给体系对需求的适配性

抓住新一轮科技革命和产业变革带来的新机遇，深入推进供给侧结构性改革，全面优化升级产业结构，提升创新能力、竞争力和综合实力。

一是推动制造业转型升级。制造业的核心就是创新，就是掌握关键核心技术。推动制造业升级和新兴产业发展，加快打造具备国际领先水平的新型基础设施，需要迎难而上，继续攀登，以刀刃向内的勇气主动转型升级，加强技术创新、产业创新，以智能制造为主攻方向推动产业技术变革和优化升级，在产业链上不断由中低端迈向中高端，继续走好中国特色的新型工业化发展之路。同时，要加大投入、加强研发、加快发展，以大数据、云计算等新技术给制造业的生产模式、生产技艺带来新的变革，努力占领世界制高点、掌控技术话语权，增强国内制造业成品的国际竞争力，从而极大地强化对相关产业链的提振与吸附能力，在中小企业群体中打造更多"隐形冠军"，使我国成为现代装备制造业大国。

二是壮大战略性新兴产业。发展壮大战略性新兴产业，要遵循产业发展规律，把握其技术路线具有不确定性、适合产业发展和产品应用的社会经济环境与基础设施不尽完善、对人才和数据等创新要素需求旺盛等特点，根据国家战略部署，结合行业实际，制定既切实可行又富有远见的战略和规划；要发挥举国体制优势，掌握创新主动权，加快形成以优势企业为主体的政产学研用相结合的中国特色产业创新生态，强化基础研究、应用研究、创新设计，突破战略性技术、下一代技术的原始创新和集成创新、产业共性高端技术的供给，促进产业链、创新链、生态链融通发展；要聚焦重点产业，以重大技术突破和重大发展需求为主攻方向，坚持高端化、集约化发展具有基础优势的产业，巩固提升具有先发优势的产业，加快建成具有技术优势、鲜明标识的地标产业集群，提升我国在全球产业链价值链中的地位和竞争力，促进经济行稳致远。

三是加快培育新业态新模式。在新一轮科技革命和产业变革的大背景下，我国以网络购物、移动支付、线上线下融合等新业态新模式为特征的新型消费快速发展，对满足居民生活需要、释放国内消费潜力、促进经济平稳健康发展发挥了重要作用。

河北省印发的《关于以新业态新模式引领新型消费加快发展的实施意见》中指出，培育壮大消费新业态新模式，大力开发共享优质在线教育资源，支持雄安新区建设"国家智慧教育示范区"，到2022年，设立10个以上"在线教育示范区"，培育100所"在线教育标杆校"；鼓励医疗机构通过互联网等信息技术开展部分常见病、慢性病复诊，到2025年，建设30家以上互联网医院；鼓励传统线下文化娱乐业态线上化。

（四）加快流通体系建设促进形成统一大市场

中央财经委员会第八次会议指出，"建设现代流通体系对构建新发展格局具有重要意义"，"国内循环和国际循环都离不开高效的现代流通体系"。交通运输与物流作为流通体系重要的支撑条件和组成部分，有效串接生产端与消费端，对促进资源要素跨国界跨区域跨领域流转，保障和牵引国民经济循环运行具有重要基础性、先导性作用。着眼构建现代流通体系，战略性、系统性谋划现代综合交通运输体系和现代物流体系建设问题，对于畅通国民经济循环，提升资源要素流转速率、频率和效率，构建以国内大循环为主体、国内国际双循环相互促进的新发展格局意义重大。

1. 加快构建现代综合交通运输体系

（1）精准补齐重点通道枢纽网络短板。强化骨干运输通道战略牵引和支撑能力，以提升交通网络，对国内需求和国际要素资源吸引流转的适配性为重点，在"十纵十横"通道基础上，加快优化形成横贯东西、纵贯南北、放射互联、内畅外通的综合运输大通道。优化完善大区域次区域多层次综合交通网络结构，顺应新发展格局下产业、城镇空间布局调整，分类优化东、中、西、东北等大区域以及长江经济带、黄河流域等次区域综合交通网络层级结构，构建起服务品质高、运行速度快、安全保障强的骨干交通网，运行效率高、服务能力强的普通干线网，覆盖空间大、通达程度深、惠及面广的基础服务网。着力提升城市群都市圈综合交通网络功能，围绕主体功能区、新型城镇化战略实施，把握新发展格局下的城镇化地区重大基础设施、重大生产力和公共资源布局调整，完善京津冀、长三角、粤港澳、成渝等城市群综合交通网络。

（2）把握现代经济体系、现代产业体系和流通体系组织运行规律，提升运输服务质量和组织效率。以一体化联程为重点提高客流高效流转水平，要创新旅客一体化联程组织模式，更好满足不同类型人员流转和运输需要，提高旅游客运服务品质和能力。精准提升区际、城际、城市、城乡客运组织效率和水平，发展多层次城市客运服务。创新多式联运组织强化大循环、双循环支撑能力，精准对接现代产业体系运行、现代供应链和物流发展，创新货物多式联运模式。以城乡配送一体化畅通城乡物资大循环，围绕新型城镇化发展和农业农村现代化，加快构建覆盖城乡的专业化货运物流配送体系。

（3）推动交通运输智慧化、绿色化发展。以数字化、智能化为依托提升运输供需匹配水平。发挥现代信息技术对于交通运输生产组织和管理方式转变的驱动牵引作用，全面提升运输供需匹配水平和运输服务品质效率。强化交通运输先进技术装备创新链循环联动。畅通交通运输技术装备研发与国家创新能力提升大循环。以北斗导航等为重要依托，打造泛在的交通运输物联网，构建新一代交通信息基础网络。推动交通运输绿色低碳循环可持续发展，强化资源要素跨区域、跨领域有效配置，提高资源再利用和循环利用水平。

（4）加快建设统一开放的交通运输市场，畅通资源要素跨领域流转循环渠道。建设高标准交通运输市场体系，按照统一国内大市场高标准市场体系要求，构建高效规范、公平竞争的国内交通运输统一市场。培育壮大龙头交通运输企业。加强骨干型、网络型、专业型运输企业和其他交通市场主体培育。充分激发各类交通运输市场主体活力，毫不动摇地巩固和发展交通运输公有制经济，毫不动摇地鼓励、支持、引导交通运输非公有制经济发展。建立符合现代经济体系运行规律的交通运输宏观调控方式，以国家发展规划为战略导向，完善国家综合交通运输规划体系，更好发挥政府作用，深化放管服改革，整合优化监管职能。研究建立交通运输宏观治理数据库，提升大数据等现代技术手段辅助治理能力。健全交通运输法律法规标准体系，坚持依法治理，完善相关法规和标准体系，强化各类标准规范规则等衔接协调。

2. 加快构建现代物流体系

（1）构建适应新发展格局下国土空间和产业布局特征的"通道＋枢纽＋网络"的物流设施布局。构建现代数字物流信息资源整合平台，建设国家交通运输物流公共信息平台，促进部门、市场主体物流公共数据互联互通和开放共享。加快推动国家物流枢纽网络建设，围绕"一带一路"建设、京津冀协同发展等战略实施，依据国土空间规划，选择部分基础条件成熟的承载城市，启动国家物流枢纽布局建设。"十四五"时期，河北省将建设现代物流体系，构建"6＋N"物流枢纽格局，加快唐山港口型（生产服务型）国家物流枢纽建设，支持其他国家物流枢纽承载城市培育国家物流枢纽，完善北京大兴国际机场、石家庄正定国际机场航空物流枢纽功能，做大做强廊坊、石家庄、保定国家快递枢纽。推进城市社区和村镇终端集货配送网络设施、农产品冷储冷运体系建设，实施快递"进村进厂出海"工程。完善驼背运输组织体系，加快石家庄国际陆港建设。

（2）提升物流效率与产业链升级带动水平，降低物流成本、流通成本和交易成本。加快国际物流、智慧物流、绿色物流等专业物流发展。

加强陆上边境口岸型物流枢纽建设，完善境外沿线物流节点、渠道网络布局。加快绿色物流、绿色仓储等发展，带动上下游企业发展绿色供应链。发展数字物流，推进货、车、船、飞机、站场、港口等物流要素数字化。以降低循环流通成本为突破口推动物流与相关产业联动发展，携手做大做强。顺应构建新发展格局的产业布局调整和产业链协同升级，以物流为载体提高要素流动效率，实质性高效打通生产端与消费端联动全链条各环节，增强关联产业市场竞争力，强化供应链，延伸产业链，提升价值链，以做大蛋糕的方式摊低物流成本。

（3）健全支撑现代物流体系建设的政策支持体系。创新物流用地支持政策，加强物流发展规划与空间规划等衔接，加大土地政策支持力度，多种渠道盘活存量闲置土地。创新投融资支持方式，加强重点物流领域、市场、平台、企业等支持力度。推动政策性金融、普惠性金融以及产业资金等融资方式创新。按照支撑新发展格局和高质量发展要求，建立符合我国国情特点的物流成本统计评价体系，完善我国物流行业统计指标体系。

5 关键时刻不能掉链子
——优化和稳定产业链供应链

产业链供应链水平是国家现代化的重要标志。习近平总书记深刻指出，"产业链、供应链在关键时刻不能掉链子，这是大国经济必须具备的重要特征"。当前和今后一个时期，优化和稳定产业链供应链，既是畅通经济循环的内在要求，也是促进经济转型升级的应有之义。李克强总理在十三届全国人大四次会议上所作的《政府工作报告》中，对优化和稳定产业链供应链作出具体部署。《中共中央关于制定国民经济和社会发展第十四个五年规划和二〇三五年远景目标的建议》提出，今后五年要"推进产业基础高级化、产业链现代化"，"形成具有更强创新力、更高附加值、更安全可靠的产业链供应链"。中央经济工作会议把"增强产业链供应链自主可控能力"作为2021年的八项重点任务之一。我们要认真贯彻落实党中央、国务院决策部署，提高产业链供应链稳定性和竞争力，加快发展现代产业体系。

一、产业链供应链安全稳定是构建新发展格局的基础

（一）新发展格局的历史逻辑、理论逻辑和现实逻辑

1. 从历史逻辑来看，新发展格局是遵循现代大国经济崛起的一般规律的产物。英国、美国、日本、德国等国的经济发展史表明，经济大国的成长都需经历由弱到强、由"以外促内"转向"以内促外"的必然调整，大国经济崛起最为关键的标志就是构建出安全、可控、富有弹性韧性、以内为主、控制世界经济关键环节的经济体系。经过新中国成立70多年来特别是改革开放40多年的快速发展，我们党带领人民经过不懈奋斗迎来了从站起来、富起来到强起来的历史性跨越，这个过程都是我们党带领人民致力于国家现代化目标的历史过程。当前，中国特色社会主义进入新时代，在实现第一个百年奋斗目标之后，我们要乘势而上开启全面建设社会主义现代化国家新征程、向第二个百年奋斗目标进军，这标志着我国进入了一个新发展阶段。我国的发展模式也从出口导向转向强调内需拉动、创新驱动，是符合大国经济发展的历史规律的。

2. 从理论逻辑来看，我们党是马克思主义政党，辩证唯物主义和历史唯物主义是我们党始终坚持和运用的世界观和方法论。正确认识党和人民事业所处的历史方位和发展阶段，是我们党明确阶段性中心任务、制定路线方针政策的根本依据，也是我们党领导革命、建设、改革不断取得胜利的重要经验。早在2006年和2011年出台的"十一五"规划和"十二五"规划中，就明确提出对"两头在外"出口导向型发展战略进行调整，要求"立足扩大国内需求推动发展，把扩大国内需求特别是消费需求作为基本立足点，促使经济增长由主要依靠投资和出口拉动向消费与投资、内需与外需协调拉动转变"。党的十八大以来，党中央根据新时代面临的新格局、新挑战、新规律和新使命，提出了一系列以内需拉动和创新驱动来促进经济发展的举措：2012年年底的中央经济工作会

议提出，以"扩大内需、提高创新能力、促进经济发展方式转变"替代"简单纳入全球分工体系、扩大出口、加快投资"的传统模式；2014年提出经济发展新常态，要求对三期叠加面临的深层次问题进行梳理；2015年提出新发展理念和供给侧结构性改革，并进行了全面战略部署；2016年的"十三五"规划，要求"要准确把握战略机遇期内涵的深刻变化，更加有效地应对各种风险和挑战，继续集中力量把自己的事情办好，不断开拓发展新境界"；2018年中央经济工作会议，在深化供给侧结构性改革的基础上提出"畅通国民经济循环""促进形成强大国内市场"；2019年《政府工作报告》将"畅通国民经济循环""持续释放内需潜力""促进形成强大国内市场"作为关键词。因此，党中央在2020年提出"以国内大循环为主体、国内国际双循环相互促进的新发展格局"，是在过去十多年持续探索的基础上，对以往各种政策构想和战略思维所进行的全面提升和综合。关于新发展格局的理论与新常态理论、新发展理念、供给侧结构性改革以及高质量发展理论一脉相承，是习近平新时代中国特色社会主义经济思想和中国特色社会主义政治经济学的新发展。

3. 从现实逻辑来看，中国经济过去多年的快速发展已经为全面建立以国内大循环为主体的格局奠定了供给基础、需求基础和制度基础，新冠肺炎疫情及全球经济格局的加速变革，为全面启动新发展格局提供了前所未有的机遇。在供给层面，中国已建立了全世界最为齐全、规模最大的工业体系，是全世界唯一拥有联合国产业分类中全部工业门类的国家，国内产业相互配套，规模效应、范围效应以及学习效应在产业体系中全面展现，产业链具有较好的自我循环能力。同时，"中国制造"开始向"中国智造""中国创新"转变，国内各经济主体拥有基本的创新能力和创新动力，政府主导下的基础研究和技术赶超体系、庞大市场诱导下的商业创新体系，为中国创新注入了自我创新的内生动力。在需求层面，中国拥有超大规模市场，不仅具有14亿多的世界最大人口规模，更具有4亿人口的世界最大中等收入群体，消费品零售总额和进出口总额都位居世界前两位，并具有快速增长的潜力。由此可以看出，外需和内需的关系已经出现了重大的改变。在制度和机制层面，改革持续推进，市场在资源配置中的决定性作用进一步发挥，统一公平的全国大市场也在各类基础性改革、供给侧结构性改革和改善营商环境等举措的作用下逐步形成，国民经济在生产、分配、流通和消费等环节基本实现畅通。相对稳定、相对独立、富有效率、良性互动的国内经济大循环，已成为中国经济的基本盘。

（二）优化和稳定产业链供应链是大国经济循环畅通的关键

我国已形成全球最完整的工业体系和上中下游的产业链，是世界上唯一拥有联合国产业分类目录中所有工业门类的国家，在传统制造、新能源、原材料供应等方面已经具备了全产业链优势和很强的国际竞争力。整体上看，我国目前在亚洲区域产业分工中的核心地位牢固确立，并呈现出向全球价值链中高端攀升的良好态势。但与此同时，我们的产业链供应链安全稳定也面临一定的挑战：从国内来看，近年来我国制造业向外转移有加速的趋势，制造业占GDP的比重有所下降，当然，这一变化部分是我国主动进行转型升级的结果，也是资源禀赋条件变化后客观经济规律作用使然，但与此同时我们要警惕产业过快外迁、全产业链外迁和高端产业外迁，这三种情况会导致产业"空心化"，影响我国产业完备性，保障产业链安全要在一定基础上突出强调产业链关键核心环节的根植性，把"根"留下，把"魂"留住。从国际来看，伴随着中国的崛起，以美国为首的某些西方国家，采取战略性的、全方面的阻碍、干扰甚至是打压，给我国经济增长带来了进一步的困难、挑战和不确定性。从产业链供应链自身来看，目前我国产业链供应链还存在诸多"断点""堵点"，部分核心环节和关键技术受制于人，产业基础能力不足，国民经济循环不畅，存在结构性失衡。这就需要我们坚持以深化供给侧结构性改革为主线，用系统性办法解决产业链供应链结构性问题，畅通生产、分配、流通、消费各个环节，实现上下游、产供销有效衔接、高效运转，推动实体经济、科技创新、现代金融、人力资源协同发展，加快发展现代产业体系。

因此，"优化和稳定产业链供应链"不是一个孤立的产业和供应方面的技术问题，而是我国转变发展方式，深化供给侧结构性改革，构建新发展格局，重塑经济发展优势当中非常重要的不可或缺的一环。

（三）产业链供应链面临的形势和挑战

1. 产业链供应链稳定面临新形势。当今世界处于百年未有之大变局，我国产业链供应链稳定也面临新形势：一是遏制在加大，贸易保护主义政策抬头，国内部分领军高新技术产业受到持续遏制打压，一些产业链上的龙头企业被美国列入实体清单。二是追赶在加快，劳动密集型产业向印度、越南、马来西亚等劳动力成本较低的国家转移，部分产业链可控能力降低，我国原有的人力资源比较优势在弱化，"人口红利"低成本依赖性强的传统制造业受到严重冲击。三是竞争在加剧，主要发达国家围绕5G、物联网、人工智能大数据、区块链、量子科技等新一代信息技术领域加大战略布局，数字经济领域产业竞争博弈加剧。

2. 产业链供应链稳定面临严峻挑战。从供给角度看，我国产业链供应链存在对外依存度过高的风险。整体创新能力不足的情况依然存在，关键核心零部件和技术国内无法保障供应，大多依赖国外进口。部分产业和领域存在核心技术缺失、产业转移导致产业链空心化的风险，核心装备（高端芯片）关键零部件仅能从国外进口，对外依赖度较高。从产业链控制能力看，与发达国家相比仍有较大差距。随着促进产业技术改造升级和人工智能、工业互联网等一系列政策落地实施，我国产业技术创新已从跟跑进入并跑、领跑并存的阶段，但这主要得益于超大的规模体量，产业链和供应链主导能力仍然较弱，特别是缺少具有核心竞争力和全球资源整合能力的大型跨国企业，以及对流通渠道具有充分掌控力的供应商。从要素配置效率看，产业链协同能力仍有较大提升空间。目前，我国创新协同机制尚未健全，制约产业链供应链整体水平提升。特别是制造业中存在着上下游合作不够紧密、协同研发动力不足问题。一方面，先进制造业、现代服务业融合发展局面尚未形成。另一方面，金融资本、创新资源、产业发展之间的屏障需要进一步打通。从产业链、价值链结构看，我国仍处于中低端。近年来，我国产品出口结构逐渐由低端产品向中高端附加值产品转变，但从产业整体来看，产业集中度依然不高，部分领域产品附加值偏低，高端产品国际市场份额占有率偏低，品牌效应不强。很多产业处在价值链中低端，高端产业低端化现象明显，国际竞争力不强。

二、增强产业链供应链自主可控能力

2020 年 12 月召开的中央经济工作会议，将"增强产业链供应链自主可控能力"作为 2021 年工作的重点任务，增强产业链供应链的自主可控能力，必须解决"卡脖子"技术问题、提升全产业链的整合能力与抗风险能力，最终目的是要实现"链"的接续性、完整性与安全性。

（一）打通堵点，保持产业链供应链稳定

打通堵点要以促进各类要素在国内市场自由流动为改革重点，畅通要素流动和提高资源配置效率。

1. 改善营商环境，提高产业链供应链协同性。一方面要继续深化"放管服"改革，加快完善市场体系和营造公平竞争环境。落实、落细降低交易成本、流通成本、融资成本的政策措施。提高各类要素资源在双循环发展中的配置效率，促进资源流向关键核心领域，并切实畅通产业循环；另一方面要围绕重点产业链、龙头企业、重大投资项目，采用更加市场化的机制强化产业链薄弱或缺失环节，打通梗阻和堵点，发挥牵引作用，以大带小、以点带面，推动产业链全链条协同。

2. 拓展内需市场，提高产业链供应链稳定性。我国有 14 亿人口，中等收入群体超过 4 亿人，超大规模内需市场优势明显，有能力为各类

新产品和新业态提供规模化创新平台。同时,我国正处于新型工业化、信息化、城镇化以及农业现代化快速发展阶段,投资需求潜力仍然巨大。这些优势是任何跨国公司都难以忽视的。因此,我们要牢牢把握扩大内需这个战略基点,关键是推动提振消费与扩大投资有效结合、相互促进,在完善公共服务、优化收入分配结构、满足新的消费需求等方面下功夫,发挥超大规模内需市场对产业链供应链的"黏合剂"作用,以国内大循环带动产业链内循环。

3. 强化创新驱动,提高产业链供应链竞争力。优化和稳定产业链供应链,不仅要在现有基础上提高产业链供应链抗击打能力,使其承受住危机的冲击,更重要的是通过创新提升产业链供应链水平。要大力提升自主创新能力,主动向"专、精、特、新"方向发展,尽快突破关键核心技术,依托我国超大规模市场和完备产业体系,创造有利于新技术快速大规模应用和迭代升级的独特优势,加速科技成果向现实生产力转化,提升产业链水平,维护产业链安全。

(二)筑牢基础,补齐产业链供应链短板

补齐产业短板,推进传统产业改造升级,是优化和稳定产业链供应链的重要举措。我国制造业规模居全球首位,有220多种工业产品,产量排世界第一,是全世界唯一拥有全部工业门类的国家。但同世界工业强国相比,同高质量发展要求相比,我国产业基础不牢、地基不稳问题仍相当突出,特别是在核心基础零部件(元器件)、先进基础工艺、关键基础材料、产业技术基础(以下简称"四基")等方面,对西方国家的依存度高,产业基础投入严重不足,许多产业面临"缺芯""少核""弱基"的窘境,亟待通过加快实施产业基础再造工程,补齐上述短板。

高层声音

要依托我国超大规模市场和完备产业体系，创造有利于新技术快速大规模应用和迭代升级的独特优势，加速科技成果向现实生产力转化，提升产业链水平，维护产业链安全。

——2020年8月24日，习近平在经济社会领域专家座谈会上的讲话

我们必须坚定不移走自主创新道路，坚定信心、埋头苦干，突破关键核心技术，努力在关键领域实现自主可控，保障产业链供应链安全，增强我国科技应对国际风险挑战的能力。

——2020年10月16日，习近平在中央政治局第二十四次集体学习时强调

要面向世界科技前沿、面向经济主战场、面向国家重大需求、面向人民生命健康，加强基础研究和应用基础研究，打好关键核心技术攻坚战，加速科技成果向现实生产力转化，提升产业链水平，为确保全国产业链供应链稳定多作新贡献。

——2020年11月12日，习近平在浦东开发开放30周年庆祝大会上的讲话

1. 加快实施产业基础再造工程，需要做好顶层设计。要坚持问题导向，聚焦产业基础能力方面的薄弱环节，聚焦关系我国产业链现代化和制造强国建设全局的核心领域、关键问题、重点任务，加快构建社会主义市场经济条件下关键核心技术攻关的新型举国体制，提出产业基础高级化的战略目标、任务和实施重点，并制定指导意见和规划。

2. 加快实施产业基础再造工程，需要注重系统推进。一是加强提升产业基础能力的协同创新。以推动符合未来技术和产业变革方向的一批整机产品生产为突破口，以关键技术研发、产品设计、专用材料开发、先进工艺开发应用、公共试验平台建设、批量生产、示范推广的"一条

龙"应用计划为抓手,畅通产业链、创新链、资金链和人才链的链接,构筑有利于产业基础能力尽快提升的产业生态体系。二是着力培育"专、精、特、新"隐形冠军企业。发挥国有企业在攻克产业基础"卡脖子"问题和补短板中的引领作用,加强同民营企业在产业链、供应链、创新链上的深度合作。引导民营企业突出主业,专注细分市场,掌握独门绝技,培育一批具有独特专长、能够生产某些关键设备和先进材料的中小企业。三是整合重构一批共性技术平台。通过充分利用现有骨干企业、科研院所、高校、用户和第三方机构,建设一批产业技术基础公共服务平台、试验检测类公共服务平台、产业大数据公共服务平台,强化产业共性技术供给、关键技术研发与转化,提升试验验证、检验检疫、认证认可、知识产权、标准等技术基础支撑能力,完善产业技术基础的公共服务体系。四是出台精准支持政策。持续加大基础研究投入,用好税收支持政策,加大金融支持力度,为提升产业基础能力提供助力。增加政府采购力度,创造"四基"产品应用生态。

(三)激发活力,培育一批优质市场主体

从根本上看,提高产业链水平,增强产业链韧性,最终还是靠各类大中小企业和其他市场主体来承载。作为全球产业链供应链调整的最重要主体,优秀的跨国公司拥有核心专利技术、标准制定话语权、品牌影响力、要素聚合能力等,是全球资金网络、物流网络、创新网络的主导者。应该看到,优秀的企业是在开放竞争的环境中成长起来的,要结合"走出去"和"引进来",加大"补短板"力度,以本土跨国公司为枢纽构建协同上下游企业的产业平台,推动建立多渠道、多层次的国际供应链体系,促进国内产业链和国际产业链的对接。与此同时,可考虑采取税收、金融、产业基金等政策工具鼓励大企业牵引国内配套企业发展,打造更多"专、精、特、新"企业,推动我国升级成为提供中间品和资本品的"全球供应商"。

1. 进一步深化企业改革,释放企业创造力。发挥好政策组合效应,

进一步释放市场主体活力，让市场主体的创造性能够不断迸发出来。这是提高产业链水平的长远和根本之策。还要充分发挥集中力量办大事的制度优势和超大规模市场优势，以夯实产业基础能力为根本，以自主可控、安全高效为目标，以企业和企业家为主体，以政策协同为保障，坚持应用牵引、问题导向，坚持政府引导和市场机制相结合，坚持独立自主和开放合作相促进，打好产业基础高级化、产业链现代化的攻坚战。

2. 补短板锻长板，打造并巩固企业竞争优势。一方面，加快补齐产业链供应链中的短板。围绕"巩固、增强、提升、畅通"八字方针，支持上下游企业加强产业协同和技术合作攻关，以突破"卡脖子"技术为主攻方向，加大对基础科学的投入研发力度，建立共性技术平台，解决跨行业、跨领域的关键共性技术问题。以举国之力提升基础教育和基础研究水平，打造具有战略性和全局性的产业链。另一方面，竭尽全力锻造长板。采取有效措施和政策支持，发展壮大我国在全球产业链中的龙头企业和核心企业，扩大这些企业的全球市场份额，稳固并提升我国企业在全球产业链中的地位。发挥企业家精神和工匠精神，培育一批"专、精、特、新"的中小企业。努力将"专、精、特、新"的"杀手锏"产品打造成全球"单项冠军"，使企业和产业链生态有机结合，形成深度嵌入全球价值链、不会被轻易替代的独特竞争优势。

3. 发挥我国超大规模市场的巨大作用，吸引海外高端产业链落户。以实施外商投资法等为契机，提高政府服务水平，切实加强包括知识产权在内的产权保护，进一步改善外商投资环境，吸引更多的海外高端制造业和关键零部件生产企业落地，打造先进制造业和关键产业链、供应链、研发链外商投资高地，形成先进制造业体系，解决好当前存在的产业链、供应链隐忧，拓展上下游产业的发展空间，更好辐射并稳定全球产业链和供应链。还要支持国内有条件、有实力的制造业企业积极投资海外市场，加强与国外一些先进制造业企业和研发机构的投资合作，以此带动提升我国产业开发实力和科研能力。

（四）扩大开放，深化产业链供应链国际合作

开放带来的竞争与合作，对于更好地实现以国内大循环为主体、保持内循环机体的活力和竞争力至关重要，通过开放带来的竞争与合作，才能使国内大循环的主体地位更加稳固，才能使我国的产业链、供应链、价值链有机嵌入全球的产业链、供应链、价值链，成为全球产业链、供应链、价值链必不可少的组成部分，并进一步增强我国在这些链条上的不可替代性。为此，必须加快构建新发展格局，更加积极地参与国际分工合作，坚持进口与出口并重、利用外资和对外投资协调，增强国内国际两个市场、两种资源的粘合度，加快实现由商品和要素流动型开放向规则国际化等制度型开放的转变，提升投资和贸易的便利化水平，努力打造开放稳定、具有国际竞争力的产业链、供应链和价值链。

> **高层声音**
>
> 我们要秉持开放包容理念，坚定不移构建开放型世界经济，维护以世界贸易组织为基石的多边贸易体制，旗帜鲜明反对单边主义、保护主义，维护全球产业链供应链稳定畅通。
>
> ——2020年9月22日，习近平在第七十五届联合国大会一般性辩论上的讲话

1. 深化国际科技合作，促进产业链和全球科技创新链的深度融合。当今世界，科技创新已成为各国推动经济增长和可持续发展的重要动力。目前，新一轮科技革命和产业变革蓄势待发，5G技术快速推广普及，大数据、云计算、人工智能、物联网、工业互联网等信息产业技术快速发展，这些科技革命和产业变革的兴起，将持续为经济发展提供强劲动力。新一轮科技革命和产业变革，是创新链和产业链有效融合叠加的产物，提升产业链水平，首先需提升产业链的创新能力，系统打造支撑产业发展的创新链。严峻的现实告诉我们，关键核心技术是要不来、

买不来、讨不来的，必须切实提升自主创新能力。但自主创新是在开放环境下的创新，不是关起门来搞科技创新。正因如此，更高水平的开放发展，必将有力促进科技创新和产业发展等一系列链条的深度融合，与自主创新相关的科研、投资、设计、生产等多个环节，在开放发展中更容易实现或带来新技术、新产业、新业态的孕育和成熟。

2. 加强开放合作，围绕产业链部署创新链、围绕创新链布局产业链。提升产业链水平，必须始终坚持以全球视野推动科技创新，全方位加强国际科技创新合作，积极主动融入全球科技创新网络，在开放合作中提升自身科技创新能力。越是面临封锁打压，越不能搞自我封闭、自我隔绝，而是要实施更加开放包容、互惠共享的国际科技合作战略，积极推动各类创新要素在全球范围内充分流动和优化配置，形成你中有我、我中有你、优势互补、合作共赢的科技合作新格局，这将有利于加速提升我国产业链水平。加强国际产业安全合作，紧紧围绕各类产业基础高级化、科技创新国际化和产业链现代化，紧紧围绕科学新发现、技术新发明、产业新方向、发展新理念，从源头创新来全面布局国际产业安全合作，促进创新链与产业链深度融合，从而实现产业链再造和价值链提升。

3. 加快建设更高水平开放型经济新体制，吸引全球产业链生产要素流入。生产要素的流向，决定了产业链的转移和布局。在产业链的建立、成熟和转移过程中，都伴随着资本、人才、技术、劳动力、大数据等生产性要素的流动。稳定产业链供应链、提升产业链水平，首先要有能够吸引全球产业链生产要素源源不断流入的高水平开放型经济新体制。改革开放之初，我国实施一系列对外开放吸引外资的优惠政策，充分利用土地、资源和劳动力价格低廉的比较优势，吸引国际生产要素流入，带动了中国经济的快速发展。进入新时代，我国劳动力、土地和资源等要素供给的价格优势不再凸显，需要我们加快建设更高水平的开放型经济新体制，全面提高对外开放水平，推动贸易和投资自由化便利化，有效发挥综合成本优势和庞大规模市场优势，更大程度地开放市场，更高水平地优化营商环境，为投资者提供更加公平、安全、开放和便利的营商环境，吸引全世界的资金、人才、物流、品牌、信息、数据等优质要素不断流入，不断优化要素的跨国配置或跨区域流动，在此基础上进一步提升产业链的国际化和现代化水平。

4. 充分发挥自贸区（港）、产业园区的产业集聚优势，打造一大批吸引全球产业链生产要素流入的开放新高地。一方面，在自贸区（港）按照国际惯例和规则，加快实现贸易自由、投资自由、资金流动自由、运输自由、人员停居留和就业自由、数据流动自由，吸引国际高端产业链生产要素入区，打造具有国际影响力的先进制造业集群、战略性新兴产业基地、生产要素和大宗商品交易服务平台、国际贸易航运枢纽等，努力拓展中国经济对外开放的高度、深度和广度。另一方面，根据产业链供应链的技术分布规律和地理区位分布特点，合理引导产业园区专业化和集中化，对产业聚集区进行有效整合，发挥产出规模效应和产业配套叠加效应，打造一批高层次开放、高水平服务的现代化国际化产业园区，使其成为吸引全球高精尖要素的产业集群平台。同时，注意发挥我国工业体系完整的优势，加快发展关联产业集群，有效提升产业聚集区的竞争能力，最大化发挥产业链网络化、集团化和现代化的区域分布优势。

三、打造新兴产业链

（一）系统布局新一代信息基础设施

新型基础设施是以新发展理念为引领，以技术创新为驱动，以信息网络为基础，面向高质量发展需要，提供数字转型、智能升级、融合创新等服务的基础设施体系。目前来看，新型基础设施主要包括三个方面内容：一是信息基础设施。主要是指基于新一代信息技术演化生成的基础设施。二是融合基础设施。主要是指深度应用互联网、大数据、人工智能等技术，支撑传统基础设施转型升级，进而形成的融合基础设施，如智能交通基础设施。三是创新基础设施。主要是指支撑科学研究、技术开发、产品研制的具有公益属性的基础设施，如重大科技基础设施。新型基础设施是结构调整、扩大内需、科技创新和产业链提升的重要驱动力。其实过去的每一轮发展都是这样，基础设施从公路到高铁再到信息化建设，对应经济从世界工厂到高铁经济再到数字经济，每一次基础设施的升维，都会催生新业态、新模式、新经济，为经济注入新动能。新型基础设施是数字经济发展的重要支撑，要坚持需求导向，加强系统谋划和统筹协调。

专家解读

> 国家信息中心信息化和产业发展部主任单志广："新基建"之"新"，在于它构筑起了新的结构性力量，充分发挥数字对经济发展放大、叠加、倍增作用，对产业链实行改造，有助于突破产业发展瓶颈，培育新的服务与消费，实现经济增长动力机制由传统要素驱动、投资规模驱动向创新驱动转型，培育经济增长新动能。

1. 加快 5G 网络建设。截至 2020 年年底，我国已开通 5G 基站超过 60 万个，实现 5G 终端连接数超过 2 亿，位居全球首位。未来三年是 5G 发展的关键时期，需保持战略定力，遵循行业发展规律，有序推动 5G 网络转向按需建设、深度覆盖。持续深化共建共享，研究推广 5G 节能新技术，促进网络建设运维降本增效。加大政策支持力度，切实解决 5G 建设中选址、进场、用电等方面困难。

2. 稳步推进千兆光网建设。千兆光网和 5G 网络是新一代信息基础设施的"两大支柱"，共同赋能行业数字化转型。要持续扩大千兆光网覆盖范围，在城市及重点乡镇进行规模部署，持续开展老旧小区、工业园区等光纤到户薄弱区域网络改造升级，促进全光接入网进一步向用户端延伸。要按需开展支持千兆业务的家庭和企业网关设备升级，提供端到端千兆业务体验。

3. 丰富应用场景。目前，5G 网络和千兆光网均面临应用驱动不足的问题。特别是不同行业、不同应用场景的个性化需求和高品质要求，对网络运营模式和架构提出新的挑战。要推动通信运营、设备、芯片和行业企业深入交流合作，在 AR/VR、超高清视频、直播电商、远程医疗、在线教育等消费领域拓展应用空间，在制造、电力、交通、金融等生产领域创新应用模式，为赋能行业转型升级奠定基础。

4. 完善网络安全保障体系。大力推动网络安全产业发展，持续完善安全标准体系，夯实网络基础设施安全保障能力。加快推广 5G 安全解决方案。加强 5G 网络安全国际合作，推动实现 5G 设备安全测评结果国际互认。

（二）发展工业互联网

在 2021 年《政府工作报告》中，"优化和稳定产业链供应链"被列为 2021 年工作任务中的一项重点工作，其中强调要"发展工业互联网，搭建更多共性技术研发平台，提升中小微企业创新能力和专业化水平"。这是工业互联网连续四年写入《政府工作报告》，随着相关技术发展和应用，工业互联网正成为支撑制造强国和网络强国战略的重要基础。工业互联网通过人、机、物的全面互联，实现全要素、全产业链、全价值链的全面连接，将推动形成全新工业生产制造和服务体系。

作为有效推动制造业转型升级和引领新兴产业发展的增长点，工业互联网通过集成云计算、物联网、5G、人工智能等技术在工业场景的应用，改变传统制造模式、生产组织方式和产业形态，保障产业链供应链稳定性、提升产业链现代化水平，对推动经济高质量发展和构建新发展格局具有重要的意义。

1. 运用数据工具，提升供应链管理能力。新冠肺炎疫情期间，工业互联网平台通过打通供应链生产端、需求端、市场供应、物流运输等环节的数据，帮助产业链上下游主体实现高效对接。实现产业链供应链数据融通是打破产业链主体间服务断点和信息孤岛的重要手段，特别是针对中小企业，更需要外部数据的支撑帮助其实现商业决策的优化。而且随着接入工业互联网的企业数量越来越多，市场供应链的全景网络就能够更清晰地呈现出来，通过对企业生产、销售、库存、供应等信息数据的全面采集和分析，能够掌握产业的运转情况。这次疫情是从产业链供应链的主体角度对工业互联网应用的一次实践。从宏观层面分析，传统意义上对于工业生产和供应链的管理主要依赖行业和区域统计上报数据，实时性和精细度都难以满足深度分析的需求，而且由于分析手段有限，无法反映工业产品产量、价格和供应链体系的内在联系。在全球供应链数据方面，只能依赖进出口数据和国外公开数据，难以准确掌握和分析全球供应链体系的走向脉络，以及中国产品在全球供应链体系中起到的具体作用。借助工业互联网相关的数据采集和分析技术，行业主管部门能够更好地掌握国内产业供应链现状以及全球产业链中的相关环节，精准绘制典型行业产业链、价值链和供应链图谱，并有针对性地分析产业链长板和短板环节，提升应对外围变化和市场波动的能力。

2. 加速技术赋能，促进科技成果向现实生产力转化。工业互联网正依托所承载的新一代信息技术推动传统产业向价值链高端领域发展。对于规模不同的企业将采用不同的方式。针对中小企业，通过共性技术研发平台提升企业创新能力和专业化水平；针对大型企业，通过高水平的流程再造和数据管控提升经营管理效率。从探索的路径和步伐上来分析，我国的能源、汽车、电子、家电等行业信息化水平相对较高，新一代信息技术的应用对于产业的推动作用更加突出。在以上行业率先面向产业核心环节提供工业互联网解决方案，将帮助我国企业在全球产业分工和供应链体系中占据更重要的位置。对于劳动力和原材料等要素价格在全球范围内不具备比较优势的产业，通过智能生产线和工业机器人提升生产效率，并基于工业软件提升研发设计水平和产品附加值，更好地应对潜在的产业跨国转移带来的风险。2021年《政府工作报告》中提出，加快数字化发展，打造数字经济新优势，协同推进数字产业化和产业数字化转型。工业互联网作为衔接数字产业化和产业数字化的关键环节，将在我国超大规模市场和完备产业体系的基础上，创造有利于新技术快速大规模应用和迭代升级的独特优势，加速科技成果向现实生产力转化，提升产业链水平，维护产业链安全。

3. 构建数字基础设施，支撑产业链升级发展。以工业互联网为载体，新一代信息技术将加快与先进制造、新能源、新材料等技术交叉融合，引发群体性、颠覆性技术突破，为制造业数字化转型持续注入强劲动能。通过助力数字化、网络化、智能化发展，工业互联网将推动制造业结构高端化和产业体系现代化，成为新一轮工业革命的关键依托。

目前，我国工业互联网发展融合应用创新活跃，产业生态不断完善，发展环境持续向好，但整体仍处于发展初期，在产业供给、模式推广和要素保障等方面存在一系列挑战，要继续深入实施工业互联网创新发展战略。一是加强工业互联网基础设施建设。完善网络、平台、安全三大体系，力争在标识解析体系、"5G+工业互联网"等领域建立一定优势，更好地发挥基础设施建设的带动效应。二是提升融合应用普及水平。加速推广工业互联网融合应用，形成可持续的产业生态是未来产业发展的重中之重。要分业分企施策，引导各方加快探索特色化应用路径。鼓励有能力的供给企业与有基础、有需求的应用企业加强对接，帮扶中小企业应用工业互联网提升生产力水平，加快业务优化、流程再造、商业模式创新。三是加快关键技术研发应用。推动实施工业互联网核心技术国家重点研发计划，着力突破关键基础技术短板，加快智能网关、边缘计算、工业APP等新型应用技术研发与应用推广。四是优化产业创新发展环境。加快完善工业互联网产业政策体系，健全工业数据确权、流转、安全等制度规则，强化资金、人才、数据等要素资源保障，不断深化国际合作，构建开放合作发展格局。

（三）统筹新兴产业布局

新兴产业顺应全球技术和产业变革方向，面向国家战略需求，不仅创新性强、成长性高，更具有明显的前瞻性、战略性和先导性，代表着产业结构调整升级的新方向，对未来经济社会发展具有很强的乘数效应，它有助于带动产业链条上相关产业和企业的技术水平不断跃迁升级，提升产业链供应链的系统竞争力，增强我国整体的科技实力和创新能力，摆脱价值链低端循环锁定，抢占产业发展制高点。同时，作为先导性行业，经过培育壮大也有可能逐步成长为主导产业乃至对国民经济具有重大支撑作用的支柱产业，从宏观上有助于为国内大循环的加快形成开拓新的增量市场空间，进而引领中国经济迈向高质量发展阶段。

1. 着眼于抢占未来发展先机，培育先导性和支柱性产业，培育壮大产业发展新动能。深入推进国家战略性新兴产业集群发展工程，健全产业集群组织管理和专业化推进机制，发挥产业投资基金引导作用，加快壮大新一代信息技术、生物技术、新能源、新材料、高端装备、新能源汽车、绿色环保以及航空航天、海洋装备等产业，构建一批各具特色、优势互补、结构合理的战略性新兴产业增长引擎。在类脑智能、量子信息、基因技术、未来网络、深海空天开发等前沿科技和产业变革领域，组织实施未来产业孵化与加速计划，谋划布局一批未来产业，打造引领高质量发展的重要增长极。

2. 加强统一规划和宏观指导，遵循产业属性和发展规律，鼓励企业兼并重组，防止"一哄而上"盲目投资和低水平重复建设。一是提升新兴产业集聚的规模和质量。在工业化后期发展新兴产业，产业以集聚形态发展是推动转型升级的一般性规律，既要追求一定的规模优势、鼓励批量生产和发展产业集群，也要注重满足个性化、定制化需求，以避免出现多点开花、聚而不优、大而不优、高水平产能过剩等问题。二是适度开展地区竞争，避免过度政策诱导。为快速发展新兴产业，集聚创新要素是必要的，但是以政府优惠政策引导新兴产业发展需要适度，要谨防各个地区过度依靠优惠政策进行"引智比拼"，避免过度通过降低土地、资源、能源等价格的方式，争夺土地、资金、人才等资源，造成地区间的同质化恶性竞争。同时，从一开始就应明确未来的"退坡"政策，防止支持性产业政策的"急转弯"，避免产业依赖政府补贴引起周期性波动，甚至陷入行业发展困境。三是注重发挥市场配置资源的决定性作用，在竞争和开放合作中实现区域协同和产业协同。要以企业和企业家为主体，发挥企业家精神和工匠精神，在采取必要的激励措施的同时，限制过度投机和跟风潮流。

6 科技自立自强
——促进科技创新与实体经济深度融合

党的十九大报告强调，创新是引领发展的第一动力，是建设现代化经济体系的战略支撑。《中共中央关于制定国民经济和社会发展第十四个五年规划和二〇三五年远景目标的建议》提出，坚持创新在我国现代化建设全局中的核心地位。从"创新是引领发展的第一动力"到"坚持创新在我国现代化建设全局中的核心地位"，可以看出，科技创新在我国经济社会发展中的作用愈发凸显、地位更加重要。

李克强总理在十三届全国人大四次会议上所作的《政府工作报告》中，对提升科技创新能力作出专门部署，要求促进科技创新与实体经济深度融合，更好发挥创新驱动发展作用。《中华人民共和国国民经济和社会发展第十四个五年规划和2035年远景目标纲要》提出，要完善技术创新市场导向机制，强化企业创新主体地位，促进各类创新要素向企业集聚，形成以企业为主体、市场为导向的产学研用深度融合的技术创新体系。我们要深入学习领会，抓好贯彻落实。

一、企业技术创新能力建设成效显著

"十三五"时期,我国企业技术创新能力快速提升,创新投入持续加强,创新产出质量稳步提升,创新活力进一步激发,激励企业创新政策环境不断完善,为经济高质量发展提供了有力支撑。

(一)创新投入持续加强

"十三五"期间,我国企业研发经费支出年均增长率达11.3%,2020年为1.86万亿元,占全社会研发经费支出的76.2%。2019年企业研发人员全时当量366.8万人年,占当年全国研发人员全时当量的76.4%,年均增长率约为6%(2015~2019年)。2019年规模以上工业企业研发经费支出为1.4万亿元,年均增长率达8.8%(2015~2019年)。欧盟委员会发布的2020年工业企业研发投资2500强显示,我国上榜企业达536家,仅次于美国,居全球第二位。

(二)创新产出质量稳步提升

2019年,发明专利企业申请与授权量再创新高,分别达80.8万件与22.2万件,企业有效发明专利拥有量累计133.2万件,较"十二五"末增长18.9%。企业海外专利布局能力持续增强,2019年通过《专利合作条约》(PCT)途径提交的专利申请量达5.9万件,居世界第一位,四家中国企业位居全球PCT申请量前十位。规模以上工业企业共实现新产品销售收入21.2万亿元,新产品出口3.9万亿元,分别较2015年(15.1万亿元、2.9万亿元)增长40.4%和34.5%。

(三)创新活力进一步激发

2019年,规模以上工业企业有研发活动的企业数12.9万家,较2015年增长75.6%。全国技术交易市场成交额2.2万亿元,较2015年

（9835.8亿元）增长128%。全国开展创新活动的规模以上企业达到36.3万家，同比增长17.9%，占全部企业数的45.2%。实现创新（包括产品创新、工艺创新、组织创新、营销创新）的企业达到33.6万家，同比增长16.7%，占全部企业数的41.7%。全国新登记企业数达到739.1万家，同比增长10.3%，较2015年增长66.5%，日均新设企业数量2.02万家，是2015年的1.68倍。

（四）激励企业创新政策环境不断完善

优化公平竞争的市场环境成效明显，激励创新创业的政策体系持续完善，投资审批、市场竞争、价格管理、产权保护等领域重大改革深入推进；包容审慎监管制度不断健全，大数据、电子商务等新兴领域一系列政策措施陆续出台；知识产权保护制度不断强化，实施惩罚性赔偿等一系列制度制定，实施技术创新的市场导向机制基本形成，企业在组织实施国家重大专项等活动中的作用愈发突出。支持企业创新的普惠性税收优惠政策覆盖面不断拓展，优惠力度不断加大。企业牵头的订单式研发和成果转化等新模式不断涌现。金融支持创新的模式不断创新，科技金融服务、投贷联动试点、金融支持高技术服务业发展等系列改革举措相继落地。科创板与注册制试点为资本市场服务企业创新提供了重要模式探索。

二、科技创新的重大意义

科技是国家强盛之基，创新是民族进步之魂。以习近平同志为核心的党中央，高度重视科技创新引领社会发展的重要作用，将科技创新视为创新驱动发展战略的核心。党中央站在国家长远发展和民族伟大复兴的战略高度，基于对科技创新战略意义的理性审视，明确提出到2030年使我国进入创新型国家前列，到新中国成立100年时使我国成为世界科技强国。面对国内外环境的新变化，我们要落实新发展理念、推动高质量发展、构建新发展格局，比任何时候都更加需要科技创新解决方案,都更加需要创新这个第一动力。只有更加依靠科技创新,充分发挥科技创新在百年未有之大变局中的关键变量作用、在社会主义现代化建设全局中的支撑引领作用,才能在危机中育先机、在变局中开新局,不断拓展发展新空间,塑造新的发展优势,在全球科技革命和产业变革中赢得主动权。

(一)科学技术是民族兴旺和国家强盛的决定力量

科学技术从来没有像今天这样深刻影响着国家前途命运。这是习近平总书记对世界科技发展、科技竞争和综合国力竞争趋势和客观规律作出的科学判断,是对我国发展的历史经验和教训的概括总结。国家强大必须科技强大。中国历史上成为过农业大国、经济大国、文化大国,但没有成为过科技大国、科技强国和文化强国。而且,"近代史上,我国落后挨打的根子之一就是科技落后"。

与自然经济为特征的农业社会不同,现代工业社会和信息社会,最活跃的生产力因素不再是资源、能源和劳动力等,而是发展迅速的科学技术。高尔基指出,"科学是我们时代的神经系统,人类没有什么力量是比科学更强大、更所向无敌的了"。邓小平强调,"科学技术是生产力"。今天,科技创新更加成为决定世界政治经济力量对比和国家前途命运的关键因素,成为推动社会变革的革命性力量。习近平总书记从对当前时代现实的清醒自觉出发,强调科技创新是提高社会生产力和综合国力的战略支撑,必须把科技创新摆在国家发展全局的核心位置,从而明确了科技创新在社会整体发展结构中的核心地位,突出了科技创新在发展社会生产力中的重要作用,彰显了社会生产力发展的时代特征,抓住了实现创新、协调、绿色、开放和共享发展的"牛鼻子"。

(二)科技创新发展是破解我国发展中的瓶颈、深层次矛盾和问题的必然选择

进入21世纪以来,新一轮科技革命和产业变革正在孕育兴起,全球科技创新呈现出新的发展态势和特征。无数事实昭示我们,在实现"两个一百年"奋斗目标与中华民族伟大复兴中国梦的历史进程中,我们比以往任何时候都更加需要强大的科技创新力量。"我们不能在这场科技创新的大赛场上落伍,必须迎头赶上、奋起直追、力争超越"。用科技创新发展来破解我国发展瓶颈、深层次矛盾问题,是习近平新时代中国特色社会主义思想有关科技创新问题导向的重要表现。只有通过大幅度提升我国科技创新发展能力特别是自主创新能力,建成世界科技强国,才能破解我国发展瓶颈、深层次矛盾问题,才能走出主要依靠资源等要素投入推动经济增长和规模扩张的粗放型发展方式的老路,走上创新驱动的新路。

(三) 科技自立自强是加快形成新发展格局的重要战略支撑

构建以国内大循环为主体、国内国际双循环相互促进的新发展格局是习近平总书记和党中央积极应对国际国内形势变化、与时俱进提升我国经济发展水平、塑造国际经济合作和竞争新优势而作出的战略抉择,是"十四五"时期的核心战略。习近平总书记指出:"要大力提升自主创新能力,尽快突破关键核心技术。这是关系我国发展全局的重大问题,也是形成以国内大循环为主体的关键。"这凸显科技创新的"全局性"作用。

高层声音

我们国家进入科技发展第一方阵要靠创新,一味跟跑是行不通的,必须加快科技自立自强步伐。要坚持创新在现代化建设全局中的核心地位,把创新作为一项国策,积极鼓励支持创新。创新不问"出身",只要谁能为国家作贡献就支持谁。

——2021年3月22日至25日,习近平在福建考察时强调

经过几十年的发展,我国科技创新取得了历史性、整体性、系统性

的重大进步,科技创新成果竞相涌现,在人工智能、生物科技、云计算等领域已处于并跑甚至领跑阶段,科技实力实现了质的飞跃。但基础科学研究短板依然突出,重大原创性成果缺乏,底层基础技术、基础工艺能力不足,工业母机、高端芯片、基础软硬件、开发平台、基本算法、基础元器件、基础材料等瓶颈仍然突出,关键核心技术受制于人的状况没有得到根本改变。

关键核心技术是要不来、买不来、讨不来的。科技自立自强强调关键核心技术的重大突破和自主掌控,强调通过科技创新解决我们面临的"卡脖子"问题,这与我国一直强调的自力更生、自主创新是一脉相承的。只有大力推动科技创新,加快关键核心技术攻关,把关键核心技术掌握在自己手中,才能将产业链、供应链、价值链从依附型变为自主型,提升产业链现代化水平,并能和国际接轨,形成创新驱动的现代产业体系,从而打通"双循环",形成新发展格局,才能从根本上保障国家经济安全、国防安全和其他安全,重塑我国国际合作和竞争新优势。

(四)以科技创新催生新发展动能是高质量发展的根本路径

党的十九大报告提出中国经济已由高速增长阶段转向高质量发展阶段,在2020年7月30日召开的中央政治局会议上,国家最高决策层作出了"中国已进入高质量发展阶段"这一重大判断。推动高质量发展是"十四五"时期的主题,是中国当前和今后一个时期确定发展思路、制定经济政策、实施宏观调控的根本要求。

质量与科技创新存在直接的正相关关系。科技创新是引领高质量发展的核心驱动力,为高质量发展提供了新的成长空间、关键的着力点和主要支撑体系。同时,科技创新的目的是追求更高质量,质量与创新共同作用形成生产力。一个国家或地区经济发展质量的基础是微观质量,而科技创新能力是微观质量的终极决定因素,科技创新成果最终会体现在产品、工程和服务质量上。科技创新也直接推动宏观质量的提升。构建国内大循环,仅靠消费和投资"循环"不起来,必须有产业的转型升级进行配合，这是宏观质量提升的重要方面，而背后的核心驱动力在于科技创新。一方面，科技创新、高质量供给可以引领和创造新需求，而这种需求是顾客意料之外的需求。当产品在市场上对消费者产生魅力，产品具有高技术含量，市场由自定标准主导，通常经济发展就处于高质量水平了。另一方面，只有通过科技创新不断提高劳动生产率，才能实现人均收入增长，进而促进消费增长，内需扩大，最终实现经济增长。实现高质量发展，必须实现依靠创新驱动的内涵型增长。

三、科技创新面临的机遇与挑战

当今世界正经历百年未有之大变局，新冠肺炎疫情影响广泛深远，世界经济持续低迷，国际经济大循环动能进一步弱化，但新一轮科技革命和产业变革蓬勃发展，为企业技术创新拓展新空间。我国经济发展进入新阶段，需求结构和生产函数发生重大变化，生产体系内部循环不畅和供求脱节现象显现，推动企业技术创新的机遇更加明显、需求更加迫切。

（一）全球产业链供应链竞争深度调整，对企业技术创新提出了新挑战

国际经济政治格局复杂多变，美国对我国遏制打压不断升级，新冠肺炎疫情加速全球产业链供应链格局向区域化、多元化调整，西方国家加快打造产业链供应链"小圈子"，我国产业链供应链稳定安全面临重大风险。同时，制造业数字化、网络化、智能化转型升级加速，全球产业分工加速重构，产业链供应链竞争日趋激烈。企业参与全球竞争不能再走低要素成本的老路，亟须通过提升技术创新能力构建持久稳固的核心竞争力。

（二）创造高水平的供需平衡，对企业技术创新提出了新要求

当前，我国经济运行面临的主要矛盾仍然在供给侧。优化供给结

构、改善供给质量要依靠创新,以创新驱动、高质量供给引领和创造新需求。企业作为主要的微观市场主体,在优化供给体系中发挥着不可替代的作用。但我国企业技术创新能力还不适应高质量发展要求,企业研发投入强度不高,很多产业还处于全球产业链、价值链中低端。必须大力提升企业技术创新能力,尽快突破关键核心技术,以企业技术创新不断推动供给创造和引领需求,催生新发展动能。

(三)技术创新的复杂性不断提升,对企业技术创新组织范式提出了新考验

当前,技术创新的复杂性和不确定性越来越高,创新链的各个环节已难以在一个企业、一个地区乃至一个国家内部完成,需要获取超过本国传统专长的知识基础和创新条件。传统封闭独立、线性化的研发模式已不能满足技术创新新趋势的要求,研发和创新的组织方式和组织形态越来越国际化、开放式、分布式、网络化。企业提升技术创新能力,需要充分适应研发和创新组织方式、组织形态的演变趋势,不断革新技术创新组织范式,打破组织边界,打造网络化平台,链接全球资源,联合上中下游、大中小企业实现融通创新。

四、促进科技创新与实体经济深度融合

近年来,不断跃升的科技能力持续为实体经济创造着新增量和新空间。从引领移动通信、核电等重点产业跨越发展,到推动集成电路、5G、新能源、新材料、高端装备、人工智能、绿色环保等新兴战略性产业的发展壮大,科技实力和创新能力的大幅提升不断强化着对实体经济高质量发展的战略支撑。促进科技创新和实体经济深度融合,既是立足发展的"刚需",也是着眼长远的大计。面向"十四五",围绕推动高质量发展、构建新发展格局,要把发展经济着力点放在实体经济上,就必须让创新要素充分流淌在经济和产业各个环节,引发深层次的"化学

反应"。

(一) 强化国家战略科技力量

党和国家历来高度重视国家战略科技力量,把建设一支体现国家意志、服务国家需求、代表国家水平的"国家队"作为科技事业发展的重中之重。近年来,从"嫦娥"五号"上九天",到"奋斗者"号"下五洋",从量子计算挺进科学前沿,到疫苗研发为人民健康安全织牢"保护网",从基础研究到高新应用技术研发,国家战略科技力量都发挥了重要作用、展现了使命担当。进入新发展阶段,无论是应对国际经济科技竞争格局的深刻变革,还是催生发展新动能、推动高质量发展,都需要我们进一步强化国家战略科技力量,为推动高质量发展、构建新发展格局提供更有力的保障。当前,我国科技事业取得长足进步,但创新能力还不适应高质量发展要求,必须建设好体现国家意志、服务国家战略需求、代表国家水平的"国家队",完善市场经济条件下新型举国体制,加快推进关键核心技术攻关,把创新发展主动权牢牢掌握在自己手中。

1. 推进国家实验室建设。世界发达国家为推动科技强国建设,均把设立具有独特地位和功能的国家实验室、国家科研机构、国家研究中心,作为强化国家战略科技力量的重要举措。比如美国国家发展实验室,大多是基于曼哈顿工程等国家战略任务设立的;日本的国立科研机构是国家研发与产业创新的重要力量;德、法等欧洲国家,均有以国家重大战略需求和经济社会发展需要为导向的国家实验室或研究基地,从事高校、企业等研究机构难以进行的研究。可以看到,虽然各个国家战略科技力量的具体载体有所不同,但各国均是从国家战略和经济社会发展需要的高度培养和强化战略科技力量,使之不仅在科技创新和发展中发挥着引领作用,还与产业科技力量、区域科技力量等基础科技力量形成互补,实现国计民生的良性循环。我国已成功组建首批国家实验室,要发挥引领作用、创新体制机制,聚集和培养高水平人才和创新团队,加强重点领域产学研协同攻关。我国还有 500 余家国家重点实验室,下一步要重组、整合、优化，在重大创新领域和基础学科、新兴交叉学科等前沿方向新建一批国家重点实验室。

2. 实施好关键核心技术攻关工程。关键核心技术对产业的全球竞争力至关重要，在产业技术生态体系中居于核心地位，影响着一个时代相关领域科技创新整体走势。工业革命以来，西方世界强国几乎都是通过关键核心技术的群体性重大突破来实现赶超的，如蒸汽机（英国）、内燃机（德国、美国）、半导体（美国、日本）等。其间，关键核心技术的孕育形成与发展嬗变，无不依从着和呈现着科技创新规律。面对当前新科技革命和产业变革的加速推进，必须在关键核心技术领域掌握主动权，更好着眼于前沿科技领域和战略性新兴产业的发展，从多方面加快完善关键核心技术攻关的新型举国体制。一是转变科技创新治理范式。构建统筹协调的创新治理机制，促进各类创新资源集聚，发挥好统筹协调各方的主导作用。充分发挥市场在资源配置中的决定性作用，聚焦现代产业发展，推动企业成为技术创新决策、研发投入、科研组织和成果转化的主体，形成一批创新型领军企业。加快整合高校、科研院所等各方力量协同攻关，引导和鼓励社会资本更多参与重大技术攻关。加强党对科技工作的集中统一领导，统筹各方面科研力量，提高体系化对抗能力和水平，构建深度融合、良性互动、完备高效的协同创新模式。二是实施一批国家科技重大专项和重大工程。要选准关系全局和长远发展的战略必争领域和优先方向，明确主攻方向和突破口，抓紧实施国家科技重大专项，攻克关键核心技术，加快形成若干战略性技术和战略性产品，培育新兴产业。在信息网络、健康医疗、能源资源高效利用、应对气候变化等领域，再部署一批体现国家战略意图的重大科技项目和工程，为抢占引领未来发展的战略制高点、提高我国综合竞争力提供支撑。三是建立高效的科研创新体制机制。要改革科技重大专项实施方式，推广"揭榜挂帅"等机制，以需求为牵引，以能够解决问题为评价标准，给予揭榜者充分信任和授权，明确目标责任、完善激励机制，不断提高关键核心技术攻关效率。

3. 推动科研力量优化配置和资源共享。优化高校科研体系布局，加快学科专业调整，强化基础学科，完善科教协同机制，促进人才培养、学科建设、科研水平系统提升。推进现代科研院所改革，支持国家级科研机构强化国家战略需求导向，引导地方科研机构面向区域经济和社会发展需要开展科研活动，扩大基于绩效、诚信和能力的科研管理改革试点范围，分类支持社会研发机构。要加强项目基地、人才、资金一体化配置，强化部门协同、部省联动，完善各部门"共同凝练科技需求、共同设计研发任务、共同组织项目实施"的机制。

（二）全面加强基础研究

强大的基础科学研究是建设世界科技强国的基石。当前，新一轮科技革命和产业变革蓬勃兴起，科学探索加速演进，学科交叉融合更加紧密，一些基本科学问题孕育重大突破。世界主要发达国家普遍强化基础研究战略部署，全球科技竞争不断向基础研究前移。经过多年发展，我国基础科学研究取得长足进步，整体水平显著提高，国际影响力日益提升，支撑引领经济社会发展的作用不断增强。但与建设世界科技强国的要求相比，我国基础科学研究短板依然突出，数学等基础学科仍是最薄弱的环节，重大原创性成果缺乏，基础研究投入不足、结构不合理，顶尖人才和团队匮乏，评价激励制度亟待完善，企业重视不够，基础科学研究要进一步加强。

高层声音

基础研究是科技创新的源头。我国基础研究虽然取得显著进步，但同国际先进水平的差距还是明显的。我国面临的很多"卡脖子"技术问题，根子是基础理论研究跟不上，源头和底层的东西没有搞清楚。基础研究一方面要遵循科学发现自身规律，以探索世界奥秘的好奇心来驱动，鼓励自由探索和充分的交流辩论；另一方面要通

> 过重大科技问题带动，在重大应用研究中抽象出理论问题，进而探索科学规律，使基础研究和应用研究相互促进。要明确我国基础研究领域方向和发展目标，久久为功，持续不断坚持下去。
>
> ——2020年9月11日，习近平总书记在科学家座谈会上的讲话

加强基础科学研究，要支持产业共性基础技术研发。一是建设国家产业创新中心。聚焦解决目前"小"创新平台无法解决的系统性技术问题，支持行业龙头企业联合高等院校、科研院所和行业上下游企业共建国家产业创新中心，整合盘活行业上下游、产学研创新资源，形成大平台、大团队、大网络。强化技术系统集成、中试验证和推广应用能力，服务和支撑关键核心技术攻关任务实施。二是组建行业研究院。面向行业共性基础技术、前沿引领技术，支持有条件的企业联合转制科研院所组建行业研究院，提供公益性共性技术服务，开展下一代战略性技术和产品开发。面对未来跨领域融合的新产业新业态，打造新型共性技术平台，解决跨行业领域关键共性技术问题。三是打造创新联合体。大力发展大企业牵头，产学研用相结合，风险共担、利益共享、稳定协作的创新联合体。鼓励采取研发众包、"互联网＋平台"、大企业内部创业和构建企业生态圈等模式，促进大中小企业上中下游协作、资源共享和系统集成，加快构建内部循环畅通、外部开放合作的产业创新生态体系。鼓励有条件的地方依托产业集群创办混合所有制产业技术研究院，服务区域共性基础技术研发。

加强基础科学研究，要把握好几个基本原则。一是遵循科学规律，坚持分类指导。尊重科学研究灵感瞬间性、方式随意性、路径不确定性的特点，营造有利于创新的环境和文化，鼓励科学家自由畅想、大胆假设、认真求证。推动自由探索和目标导向有机结合，自由探索类基础研究聚焦探索未知的科学问题，勇攀科学高峰；目标导向类基础研究紧密结合经济社会发展需求，加强战略领域前瞻部署。二是突出原始创新，促进融通发展。把提升原始创新能力摆在更加突出位置，坚定创新自

信,勇于挑战最前沿的科学问题,提出更多原创理论,作出更多原创发现。强化科教融合、军民融合和产学研深度融合,坚持需求牵引,促进基础研究、应用研究与产业化对接融通,推动不同行业和领域创新要素有效对接。三是创新体制机制,增强创新活力。突出以人为导向,深化科研项目和经费管理改革,营造宽松科研环境,使科研人员潜心、长期从事基础研究。改革项目形成机制和管理制度,努力消除科研人员不合理负担,建立定期评估与弹性评估相结合的评估制度、减少评估频率,对于非共识和颠覆性项目要创新遴选方式,完善项目动态调整机制。完善分类评价机制,调动科学家、科研院所、高校、企业等方面的积极性创造性。创新政府管理方式,引导企业加强基础研究,提升市场竞争力。四是加强协同创新,扩大开放合作。适应大科学、大数据、互联网时代新要求,积极探索科研活动协同合作、众包众筹等新方式,破解科学难题、共享创新成果。坚持全球视野,创新人才培养机制,多方引才引智。主动融入全球创新网络,加强创新能力开放合作,打造国际合作新平台,共同应对全球关注的重大科学挑战。五是强化稳定支持,优化投入结构。加大中央财政对基础研究的稳定支持力度,对企业投入基础研究实行税收优惠,同时鼓励社会以捐赠和建立基金等方式多渠道增加投入。建立稳定支持和竞争性支持相协调的投入机制,加大对长期重点基础研究项目、重点团队和科研基地的稳定支持,探索实行非竞争性、竞争性"双轨制"投入机制,支持科研人员"十年磨一剑"。

(三)运用市场化机制激励企业创新

企业是创新的主体。企业充满创新活力,经济才有勃勃生机。近年来,我国企业创新能力明显提升,涌现出一批具有国际竞争力的创新型企业,但从总体上看,还存在不少薄弱环节,比如规模以上工业企业研发投入强度显著低于发达国家水平、产学研协同不够紧密等。要多措并举,促进各类创新要素向企业集聚,提升企业技术创新能力。

1. 拓展产学研用融合通道。一方面,要促进市场需求牵引创新供给，形成良性循环。我国市场规模位居世界前列，不断升级的新型消费和多元多样的市场需求相互交织，为创新创造提供了强大动力和广阔舞台。企业直接面向市场，天然具有联结科技与产业的动力。要支持领军企业联合行业上下游、产学研力量，组建体系化任务型的创新联合体，带动中小企业创新活动。提高企业对重大科技项目的决策参与度，对其中产业化目标明确的攻关任务，要优先由创新联合体实施。另一方面，要推动实验室的研发成果更快转化为现实生产力。要通过产权激励调动科研人员创新积极性，促进科技成果转移转化。要规范赋权流程，探索符合科技成果转化规律的国有资产管理模式，建立尽职免责机制，力争尽快形成可复制、可推广的经验和做法，构建有利于科技创新和成果转化的长效机制。要加强技术创新基地建设，完善国家技术创新中心、工程研究中心、制造业创新中心、临床医学研究中心等布局，集中力量整合、提升一批共性技术平台，在投资主体、管理模式、运行机制、引才用人等方面采取市场化的灵活机制，完善资源和利益共享机制，发挥好共性技术平台在促进科技成果中试熟化、应用技术研发升级等方面的重要作用。

  2. 激励企业加大研发投入。一是实施更大力度的普惠性税收优惠政策。以强化协同性、扩大覆盖面、提高针对性为目标，不断完善支持科技创新的普惠性税收优惠政策。完善企业研发费用计核方法，调整目录管理方式，合理扩大研发费用加计扣除比例与优惠政策适用范围，降低高新技术企业认定门槛，扩大高新技术企业所得税税收优惠政策激励范围。制定更大力度支持企业研发仪器设备加速折旧办法。优化对首台（套）重大技术装备生产与购买的财政资金支持制度，建立健全符合国际规则的政府采购政策，加大采购力度。推动首台（套）重大技术装备保险补偿机制试点，首台（套）重大技术装备应做到"应保尽保、应赔尽赔"。完善激励科技型中小企业创新的税收优惠政策，充分发挥科技型中小企业的生力军作用。二是完善标准、质量等竞争规制措施。强化竞争政策的基础性地位，深入实施《优化营商环境条例》。完善国家质量基础设施,加强标准体系建设。强化知识产权保护,更加灵活、普遍地运用技术标准、环境保护等促进创新手段,强化其与产业政策的协同,通过不断提高技术门槛,推动企业加大研发投入,加快产业技术升级和新技术应用的步伐。三是健全鼓励国有企业研发的考核制度。设立独立核算、免于增值保值考核、容错纠错的研发准备金制度。落实国有企业投资研发责任,制定国有企业开展研发工作考核办法,推动将企业研发经费投入作为国有企业及其负责人业绩考核的强制性内容。确保中央国有工业企业研发支出年增长率超过全国平均水平,多措并举发挥国有企业在关键领域和重点行业创新中的主力军作用。

3. 纵深推进大众创业万众创新。加强"校＋园＋企"创新创业合作,改善科技成果转化服务,增强中试服务和产业孵化能力,结合产业优势建设大中小企业融通发展平台,支持将中小企业首创高科技产品纳入大企业采购体系,在资源共享、产业协同、知识产权保护和运营等方面开展跨区域融通合作。要全面提升双创服务水平,引导科技企业孵化器、众创空间、大学科技园等打造市场化、专业化、全链条服务平台,鼓励地方采用创新券等政策工具支持科技资源向中小企业开放共享。要大力发展科技信贷服务,建立支持科技企业的信贷产品体系,制定专门的信贷政策,鼓励发展适应科技型企业特点的融资担保体系。要鼓励更多社会资本设立创业投资基金,推动政府投资引导基金向市场化母基金转化,完善创投支持政策和监管机制,促进创投加大对创新成果在种子期、初创期的投入力度。

(四) 完善科技创新体制机制

当前,我国科技创新总体上处于从量的积累向质的飞跃、点的突破向系统能力提升的重要时期,必须适应新形势新要求,完善科技创新体制机制,提升国家创新体系整体效能,有力保障科技自立自强。

1. 创新科技成果转化机制。推动国家科研平台、科技报告、科研数据进一步向企业开放,提高企业获得科技资源的能力。进一步明确财政资金支持形成的科技成果的公益属性,完善财政资金支持形成科技成果知识产权使用与权益分配制度,将符合条件的由财政资金支持形成的科技成果强制许可给中小企业使用。

2. 推进创新创业机构发展。建设专业化市场化技术转移机构和技术经理人队伍,让专业的人干专业的事。以技术市场、资本市场、人才市场为纽带,以重大需求和场景为驱动,发展研发设计、中试熟化、创业孵化、检验检测认证、知识产权等各类创新创业服务机构,聚焦破解"死亡之谷"和"达尔文之海"难题,加速推动科技成果转化为创新产品。

3. 完善评价奖励机制。进一步深化改革,根据基础研究、应用研究、技术创新、成果转化等不同活动的规律和特点,实行分类评价,注重标志性成果的质量、贡献和影响。对国家科技计划项目的评审评价要突出创新质量和综合绩效,对国家技术创新中心科技资源共享服务平台等创新基地的评估要突出支撑服务能力,对中央级科研事业单位绩效评价要突出使命完成情况。深化人才评价改革,健全与岗位特点、学科特色、研究性质等相适应的分类评价标准,落实用人单位评价自主权,发挥好政府、市场、专业组织、行业协会等多元主体作用。完善国家科技奖励评奖机制,探索建立奖励工作后评估制度,规范社会力量设奖。

4. 充分激发人才创新活力。完善人才培养支持体系,统筹人才遴选使用跟踪服务和考核评价,把人才培养纳入科技计划组织实施和创新基地建设,加大战略科技人才、领军人才支持力度。构建充分体现知识、技术等创新要素价值的收益分配机制,推动建立科研人员绩效工资总额正常增长机制。对青年人要用心培养、大力支持、大胆使用,健全早发现早使用机制,采取更有针对性的举措支持青年科研人员挑大梁、担重任,在国家科技计划中全面推行青年科学家项目,创造条件让更多青年人才脱颖而出。要充分信任和激励科研人员,同时完善约束机制,破除科研不端和学术行政化痼疾,健全科技伦理体系,引导形成良好学风作风。要加强国家科普能力建设,创新传播手段,牢牢把握科普工作的科学性、时代性、群众性、社会性，努力激发青少年科学兴趣，提高公民科学文化素养，推动在全社会形成爱科学、讲科学、学科学、用科学的文化氛围。

5. 加强知识产权保护。进一步提高知识产权保护工作法治化水平，做好专利法实施细则的修订，建立在全国有重大影响的专利侵权纠纷处理工作机制，稳步实施药品专利纠纷早期解决机制。强化知识产权全链条保护，从审查授权、行政执法、司法保护、仲裁调解、行业自律、公民诚信等环节完善保护体系，增强系统保护能力。健全大数据、人工智能、基因技术等新领域知识产权保护制度，促进新产业新业态发展。

6. 完善金融机构支持创新体系。以促进各类资金向创新活动配置为目标，鼓励金融机构发展知识产权质押融资、科技保险等科技金融产品，开展科技成果转化贷款风险补偿试点。畅通科技型企业国内上市融资渠道，增强科创板"硬科技"特色，提升创业板服务成长型创新创业企业功能，鼓励发展天使投资、创业投资，更好发挥创业投资引导基金和私募股权基金作用。加快大数据、互联网、区块链技术在金融领域的应用，构建财政支持科技慈善、天使投资、创业和产业投资、信用贷款、科技保险、创业担保、科创板上市等全链条的创新金融普惠化法务体系。

7. 促进科技开放合作。提升多双边科技合作层次和水平，促进科技发展理念交流互鉴，加强科技人文交流，推动构建良好创新合作伙伴关系。继续推动疫情防控国际合作，聚焦气候变化人类健康等关系到全球可持续发展的共性问题，开展联合研发攻关，牵头组织和参与国际大科学计划。研究设立面向全球的科学研究基金，依托国家战略科技力量建设高水平合作平台，探索面向全球公开征集选取科研团队参与科技研发，支持各国优秀科学家和团队围绕全球共同挑战开展研究，推动科技合作成果为促进各国发展和增进人类福祉服务。

7. 建立健全长效机制
——推动脱贫攻坚与乡村振兴有效衔接

乡村振兴战略是破解城乡发展不平衡不充分问题的治本之策，科学有序推动乡村产业、人才、文化、生态和组织振兴，能不断拓宽农民增收渠道，全面改善农村生产生活条件，让亿万农民走上共同富裕的道路。不断加强解决相对贫困问题的顶层设计，并将相关工作纳入实施乡村振兴战略进行统筹安排，也是更好推动乡村振兴的题中应有之义。党的十九届五中全会提出"实现巩固拓展脱贫攻坚成果同乡村振兴有效衔接"的要求，2021年的中央一号文件对实现巩固拓展脱贫攻坚成果同乡村振兴有效衔接作出全面部署，李克强总理在十三届全国人大四次会议上所作的《政府工作报告》中也对其提出明确要求。我们要全面贯彻落实党中央决策部署，切实推动脱贫攻坚与乡村振兴有效衔接，继续开创农业农村工作新局面。

一、脱贫攻坚取得全面胜利

党的十八大以来，以习近平同志为核心的党中央把脱贫攻坚摆在治国理政突出位置，团结带领全党全国各族人民，经过 8 年持续奋斗，取得了脱贫攻坚战的全面胜利，完成了消除绝对贫困的艰巨任务。现行标准下 9899 万农村贫困人口全部脱贫，832 个贫困县全部摘帽，消除了绝对贫困和区域性整体贫困。易地扶贫搬迁任务全面完成，960 多万农村贫困人口通过易地扶贫搬迁摆脱了"一方水土养不好一方人"的困境，教育、医疗、文化等社会事业取得长足进步，基本公共服务主要领域指标接近全国平均水平。

一是贫困人口全面实现"两不愁三保障"及饮水安全有保障。根据国家农村贫困监测调查，2020 年国家级贫困县农村居民人均可支配收入 12588 元，党的十八大以来年均增长 11.6%，高于全国农村居民 2.3 个百分点。在吃的方面，建档立卡户平常都能吃得饱不挨饿，能够摄入身体所需的蛋白质；在穿的方面，一年四季都有应季的换洗衣物和御寒被褥；在义务教育方面，适龄少年儿童除因身体原因不具备学习条件外，都有学上、上得起学，绝大多数在校就学，少量因特殊情况不能到校的送教上门；在基本医疗方面，建档立卡人口都纳入了基本医疗保险、大病保险和医疗救助等制度保障范围；在住房安全方面，原住房经鉴定或评定不安全的，均通过危房改造、易地扶贫搬迁等有效措施，保障建档立卡户都住上了安全住房。此外，在饮水安全方面，建档立卡户生活饮用水达到了当地农村安全饮水评价准则的要求，1710 万农村贫困人口饮水不安全问题全面解决。

二是精准帮扶政策得到了有效落实，对贫困人口全面实现脱贫发挥了关键决定作用。产业、就业、健康、教育、危房改造、易地扶贫搬迁、社会保障、残疾人、生态扶贫等帮扶政策锚定贫困人口精准发力，因村因户因人施策，因贫困原因施策，因贫困类型施策，符合条件的建档立卡户按实际情况均不同程度地享受过相关帮扶政策。

三是贫困地区基础设施和基本公共服务水平显著提高，对贫困人口全面实现脱贫提供了强有力的保障。贫困地区通硬化路、通动力电、通宽带互联网、通广播电视信号和集中供水等生产生活基础设施明显改善；县、乡、村三级医疗卫生服务体系健全，常见病、慢性病能获得及时诊治；教育文化设施及服务水平大幅提高，贫困家庭的孩子享受到更公平的教育机会。

二、着力巩固拓展脱贫攻坚成果

脱贫攻坚成就巨大，脱贫地区经济社会发展和群众生产生活条件比以前有了很大改善，但发展基础总体仍然比较薄弱，特别是产业和就业还不稳定，部分脱贫人口存在返贫风险。必须对脱贫县、脱贫村、脱贫人口，继续扶上马送一程，给予后续帮扶支持，增强脱贫稳定性，坚决把来之不易的脱贫攻坚成果巩固住、拓展好，坚决守住不发生规模性返贫的底线。

（一）保持主要帮扶政策总体稳定

过渡期内严格落实"四个不摘"要求，摘帽不摘责任，防止松劲懈怠；摘帽不摘政策，防止急刹车；摘帽不摘帮扶，防止一撤了之；摘帽不摘监管，防止贫困反弹。现有帮扶政策该延续的延续、该优化的优化、该调整的调整，确保政策连续性。兜底救助类政策要继续保持稳定。落实好教育、医疗、住房、饮水等民生保障普惠性政策，并根据脱贫人口实际困难给予适度倾斜。优化产业就业等发展类政策。

就河北而言，在中央有关新政策出台实施前，现有帮扶政策一律不退、力度不减，工作不留空档，政策不留空白。在确保政策连续性的前提下，做好兜底救助类政策、民生保障普惠性政策、产业就业等发展类政策、金融服务、土地支持、人才智力支持等帮扶政策的延续、优化、调整工作，逐步实现由集中资源支持脱贫攻坚向全面推进乡村振兴平稳过渡。

（二）健全防止返贫动态监测和帮扶机制

对脱贫不稳定户、边缘易致贫户，以及因病因灾因意外事故等刚性支出较大或收入大幅缩减导致基本生活出现严重困难户，开展定期检查、动态管理，重点监测其收入支出状况、"两不愁三保障"及饮水安全状况，合理确定监测标准。建立健全易返贫致贫人口快速发现和响应机制，分层分类及时纳入帮扶政策范围，实行动态清零。健全防止返贫大数据监测平台，加强相关部门、单位数据共享和对接，充分利用先进技术手段提升监测准确性，以国家脱贫攻坚普查结果为依据，进一步完善基础数据库。建立农户主动申请、部门信息比对、基层干部定期跟踪回访相结合的易返贫致贫人口发现和核查机制，实施帮扶对象动态管理。坚持预防性措施和事后帮扶相结合，精准分析返贫致贫原因，采取有针对性的帮扶措施。

就河北而言，要合理确定返贫监测标准，对脱贫人口实行监测和帮扶全覆盖。省市县三级充分利用现有数据系统进一步完善防贫大数据监测平台，充分用好省市县三级社会救助基金。加大"防贫保"推广力度，撬动更多社会资金参与帮扶和救助。

（三）巩固"两不愁三保障"成果

落实行业主管部门工作责任。健全控辍保学工作机制，确保除身体原因不具备学习条件外脱贫家庭义务教育阶段适龄儿童少年不失学辍学。有效防范因病返贫致贫风险，落实分类资助参保政策，做好脱贫人口参保动员工作。建立农村脱贫人口住房安全动态监测机制，通过农村危房改造等多种方式保障低收入人口基本住房安全。巩固维护好已建农村供水工程成果，不断提升农村供水保障水平。

就河北而言，要通过建立健全控辍保学工作机制、防止因病返贫致贫工作机制、保障农村住房安全工作机制、巩固饮水安全工作机制等机制压紧压实行业主管部门职能责任和市县属地责任。

（四）做好易地扶贫搬迁后续扶持工作

聚焦原深度贫困地区、大型特大型安置区，从就业需要、产业发展和后续配套设施建设提升完善等方面加大扶持力度，完善后续扶持政策体系，持续巩固易地搬迁脱贫成果，确保搬迁群众稳得住、有就业、逐步能致富。提升安置区社区管理服务水平，建立关爱机制，促进社会融入。

就河北而言，要做好易地扶贫搬迁和"空心村"治理后续工作。一是加大产业就业扶持力度。二是进一步做好3000人以上易地扶贫搬迁和"空心村"治理集中安置区的劳务输出组织和服务工作。三是提升社区管理服务水平。四是完善后续扶持政策体系。

（五）加强扶贫项目资产管理和监督

分类摸清各类扶贫项目形成的资产底数。公益性资产要落实管护主体，明确管护责任，确保继续发挥作用。经营性资产要明晰产权关系，防止资产流失和被侵占，资产收益重点用于项目运行管护、巩固拓展脱贫攻坚成果、村级公益事业等。确权到农户或其他经营主体的扶贫资产，依法维护其财产权利，由其自主管理和运营。

就河北而言，要健全完善扶贫资产管理制度，对经营性资产、公益性资产、确权到农户或其他经营主体的扶贫资产进行分类管理。县乡村成立扶贫资产管理组织，负责加强辖区内扶贫资产的确权登记、运营管护的监督管理。

三、推动脱贫攻坚与乡村振兴有效衔接的重大意义和总体要求

习近平总书记在决战决胜脱贫攻坚座谈会上强调，"脱贫摘帽不是

终点，而是新生活、新奋斗的起点"，提出"要针对主要矛盾的变化，理清工作思路，推动减贫战略和工作体系平稳转型，统筹纳入乡村振兴战略，建立长短结合、标本兼治的体制机制"，为各地区各部门接续推进巩固拓展脱贫攻坚成果同乡村振兴有效衔接、持续推进减贫工作，指明了方向和路径。

（一）准确把握推动有效衔接的重大意义

党的十八大以来，以习近平同志为核心的党中央把脱贫攻坚摆在治国理政的突出位置，作为实现第一个百年奋斗目标的重点任务，纳入"五位一体"总体布局和"四个全面"战略布局，作出一系列重大部署和安排，全面打响脱贫攻坚战，困扰中华民族几千年的绝对贫困问题历史性地得到解决，脱贫攻坚成果举世瞩目。到 2020 年我国现行标准下农村贫困人口全部实现脱贫、贫困县全部摘帽、区域性整体贫困得到解决。"两不愁"质量水平明显提升，"三保障"突出问题彻底消除。贫困人口收入水平大幅度提高，自主脱贫能力稳步增强。贫困地区生产生活条件明显改善，经济社会发展明显加快。脱贫攻坚取得全面胜利，提前 10 年实现《联合国 2030 年可持续发展议程》减贫目标，实现了全面小康路上一个都不掉队，在促进全体人民共同富裕的道路上迈出了坚实一步。完成脱贫攻坚这一伟大事业，不仅在中华民族发展史上具有重要里程碑意义，更是中国人民对人类文明和全球反贫困事业的重大贡献。

脱贫攻坚的伟大实践，充分展现了我们党领导亿万人民坚持和发展中国特色社会主义创造的伟大奇迹，充分彰显了中国共产党领导和我国社会主义制度的政治优势。脱贫攻坚的伟大成就，极大增强了全党全国人民的凝聚力和向心力，极大增强了全党全国人民的道路自信、理论自信、制度自信、文化自信。这些成就的取得，归功于以习近平同志为核心的党中央坚强领导，习近平总书记亲自谋划、亲自挂帅、亲自督战，推动实施精准扶贫精准脱贫基本方略；归功于全党全社会众志成城、共

7. 建立健全长效机制

同努力，中央统筹、省负总责、市县抓落实，省市县乡村五级书记抓扶贫，构建起专项扶贫、行业扶贫、社会扶贫互为补充的大扶贫格局；归功于广大干部群众辛勤工作和不懈努力，数百万干部战斗在扶贫一线，亿万贫困群众依靠自己的双手和智慧摆脱贫困；归功于行之有效的政策体系、制度体系和工作体系，脱贫攻坚政策体系覆盖面广、含金量高，脱贫攻坚制度体系完备、上下贯通，脱贫攻坚工作体系目标明确、执行力强，为打赢脱贫攻坚战提供了坚强支撑，为全面推进乡村振兴提供了宝贵经验。

打赢脱贫攻坚战、全面建成小康社会后，要在巩固拓展脱贫攻坚成果的基础上，做好乡村振兴这篇大文章，接续推进脱贫地区发展和群众生活改善。党的十九届五中全会将"脱贫攻坚成果巩固拓展，乡村振兴战略全面推进"纳入"十四五"时期经济社会发展主要目标，提出"实现巩固拓展脱贫攻坚成果同乡村振兴有效衔接"的要求。这说明，在打赢脱贫攻坚战之后，接续推进脱贫地区发展仍是未来较长一段时期的重要任务，同时也要求我们不断巩固和拓展脱贫攻坚成果，并在此基础上接续推进全面脱贫与乡村振兴有效衔接，做好减贫工作，持续激发欠发达地区和农村低收入人口发展的内生动力。

（二）准确把握有效衔接的总体要求

脱贫摘帽不是终点，而是新生活、新奋斗的起点。让脱贫基础更加稳固、成效更可持续，必须推动脱贫攻坚与乡村振兴有效衔接。我们必须牢牢把握总体目标、重点任务、基本原则，扎实有力做好有效衔接加快推进脱贫地区乡村产业、人才、文化、生态、组织等全面振兴。

1. 要把握推动有效衔接的总体目标。推动有效衔接，就是要使"三农"工作体系从全面推进脱贫攻坚顺利转向全面推进乡村振兴，通过乡村振兴巩固拓展脱贫攻坚成果，接续推动脱贫地区经济社会发展和群众生活改善。这是"三农"工作发展阶段的巨大转换，要求从解决建档立卡人口"两不愁三保障"为重点转向实现乡村产业兴旺、生态宜居、乡风文明、治理有效、生活富裕，从集中资源支持脱贫攻坚转向巩固拓展脱贫攻坚成果和全面推进乡村振兴。要强化"过了一山再登一峰"的使命担当，适应阶段转换要求，切实将领导体制、工作体系、发展规划、政策举措、考核机制等，全部衔接到全面推进乡村振兴上来，促进脱贫地区乡村实现更宽领域、更高层次的发展，提升脱贫群众的幸福指数。

2. 要明确推动有效衔接的主要任务。推动有效衔接，不是简单地把工作体系转换过来就完了，而是要在巩固拓展脱贫攻坚成果的基础上，做好乡村振兴这篇大文章。全面实施乡村振兴战略的深度、广度、难度都不亚于脱贫攻坚，必须加强顶层设计，汇聚各方面工作力量，推动乡村振兴各项政策举措落地见效。为此在完成脱贫攻坚目标任务后，对脱贫县从脱贫之日起设立五年过渡期，着力完成好三大主要任务，即建立健全巩固拓展脱贫攻坚成果长效机制、推动脱贫攻坚工作体系全面转向乡村振兴、健全农村低收入人口常态化帮扶机制。要以更有力的举措、汇聚更强大的力量，不折不扣落实好过渡期各项工作任务，确保脱贫后能发展、可持续，确保脱贫地区到"十四五"末与其他地区一道取得全面推进乡村振兴的重要进展。

3. 要坚持推动有效衔接的基本原则。推动有效衔接是一项艰巨复杂的系统工程，一定要坚持党的全面领导，坚持政府推动引导、社会市场协同发力，在巩固拓展脱贫攻坚成果上下更大功夫，在平稳有序推动工作和政策衔接上想更多办法，坚决避免操之过急出现急转弯等情况。要落实摘帽不摘责任、摘帽不摘政策、摘帽不摘帮扶、摘帽不摘监管这"四个不摘"要求，按照有序调整、平稳过渡的要求，保持主要帮扶政策总体稳定，切实把握好调整的节奏、力度和时限，确保工作不留空当、政策不留空白。要坚持群众主体，扶志扶智相结合，激励有劳动能力的低收入人口依靠自己的双手勤劳致富，防止政策养懒汉和泛福利化倾向，发挥奋进致富典型示范引领作用，不断增强脱贫地区群众的内生发展动力和发展活力。

四、聚力做好脱贫地区巩固拓展脱贫攻坚成果同乡村振兴有效衔接重点工作

打赢脱贫攻坚战只是完成了脱贫地区农村发展的阶段性任务，推动脱贫地区乡村全面振兴任重道远，还需要付出艰苦努力。必须以实施乡村振兴规划为引领，积极推动工作力量、组织保障、规划实施、项目建设、要素保障等方面的有机结合，促进农业高质高效、乡村宜居宜业、农民富裕富足，绘就更加壮美的乡村振兴画卷。

（一）"十四五"时期推进乡村振兴的重点举措

1. 增强农业综合生产能力。一是夯实粮食生产能力基础，保障粮、棉、油、糖、肉、奶等重要农产品供给安全。坚持最严格的耕地保护制度，坚决守住18亿亩耕地红线，坚决遏制耕地"非农化"、防止"非粮化"。以粮食生产功能区和重要农产品生产保护区为重点，建设国家粮食安全产业带。二是实施高标准农田建设工程，新建2.75亿亩、累计建成10.75亿亩集中连片高标准农田，实施东北地区1.4亿亩黑土地保护性耕作。三是加强大中型、智能型、复合型农业机械研发应用，农作物耕种收综合机械化率提高到75%。四是加强种源"卡脖子"技术攻关，建设国家农作物种质资源长期库、种质资源中期库，打好种业翻身仗，确保种源安全。五是加强农业良种技术攻关，有序推进生物育种产业化应用，培育种业龙头企业，创新农技推广服务方式。

2. 深化农业结构调整。一是优化农业产业布局，建设优势农产品产业带和特色农产品优势区。二是推进粮经饲统筹、农林牧渔协调，优化种植业结构，大力发展现代畜牧业，保护生猪基础产能，积极发展牛羊产业，促进水产生态健康养殖。三是积极发展设施农业，因地制宜发展林果业。四是推进农业绿色转型，加强产地环境保护治理，深入实施化肥农药减量行动，治理农膜污染，提升农膜回收利用率，推进秸秆综合

利用和畜禽粪污资源化利用。五是完善绿色农业标准体系，加强绿色食品、有机农产品和地理标志农产品认证管理。

3. 丰富乡村经济业态。一是推动种养加结合和产业链再造，壮大休闲农业、乡村旅游、民宿经济等特色产业。二是发展特色农产品产地初加工和精深加工，健全农村产权交易、商贸流通、检验检测认证、智能标准厂房等公共配套设施。三是加强农产品仓储保鲜和冷链物流设施建设，建设30个全国性和70个区域性农产品骨干冷链物流基地。四是完善利益联结机制，通过"资源变资产、资金变股金、农民变股东"，让农民更多分享产业增值收益。

4. 强化乡村建设的规划引领。一是统筹县域城镇和村庄规划建设，2021年基本完成县级国土空间规划编制。二是科学编制县域村庄布局规划，因地制宜分类推进村庄建设，规范开展全域土地综合整治，保护传统村落民族村寨和乡村风貌，严禁随意撤并村庄搞大社区、违背农民意愿大拆大建。三是鼓励有条件地区编制实施实用性村庄规划，没有编制规划的村庄按照县乡两级国土空间规划确定的用途管制和建设管理要求进行建设。四是优化布局乡村生活空间，严格保护农业生产空间和乡村生态空间，科学划定养殖业适养、限养、禁养区域。

5. 提升乡村基础设施和公共服务水平。一是健全城乡基础设施统一规划、统一建设、统一管护机制，推进城乡基本公共服务标准统一、制度并轨。二是推动市政公用设施向郊区乡村和规模较大中心镇延伸，完善乡村水、电、路、气、邮政通信、广播电视、物流等基础设施，因地制宜推动自然村通硬化路，加强村组连通和村内道路建设。三是多渠道增加农村普惠性学前教育资源供给，改善乡镇寄宿制学校办学条件，保留并办好必要的乡村小规模学校，推进县域内义务教育学校校长教师交流轮岗。四是加强县级医院和县级疾控机构建设，提升乡镇卫生院医疗服务能力，采取派驻、巡诊等方式提升村卫生室标准化建设和健康管理水平。五是开展农村人居环境整治提升行动，支持600个县整县推进人居环境整治，推进农村生活垃圾就地分类和资源化利用，以乡镇政府驻地和中心村为重点梯次推进农村生活污水治理，支持因地制宜推进农村厕所革命。

> **资料链接**
>
> 2021年2月21日，《中共中央 国务院关于全面推进乡村振兴加快农业农村现代化的意见》正式对外发布。这是2021年中央一号文件，也是21世纪以来指导"三农"工作的第18个中央一号文件，凸显了新发展阶段党中央对农业农村工作的高度重视。文件明确，到2025年，农业农村现代化取得重要进展，城乡基本公共服务均等化水平明显提高。在农业基础建设、粮食和重要农产品供应、农业质量效益和竞争力、农村生态环境等方面都将实现大幅度改善和提升，农民的获得感、幸福感、安全感明显提高。
>
> 6月1日，《中华人民共和国乡村振兴促进法》正式实施。这是我国第一部直接以"乡村振兴"命名的法律，也是一部全面指导和促进乡村振兴的法律，为实施乡村振兴战略提供了有力法治保障。

（二）脱贫地区巩固拓展脱贫攻坚成果同乡村振兴有效衔接重点工作

1. 支持脱贫地区乡村特色产业发展壮大。注重产业后续长期培育，尊重市场规律和产业发展规律，提高产业市场竞争力和抗风险能力。以脱贫县为单位规划发展乡村特色产业，实施特色种养业提升行动，完善全产业链支持措施。加快脱贫地区农产品和食品仓储保鲜、冷链物流设施建设，支持农产品流通企业、电商、批发市场与区域特色产业精准对接。现代农业产业园、科技园、产业融合发展示范园继续优先支持脱贫县。支持脱贫地区培育绿色食品、有机农产品、地理标志农产品，打造区域公用品牌。继续大力实施消费帮扶。

就河北省而言，还部署了如下工作：提升规模化品牌化水平。以产业到乡到村带户为主，培育新型经营主体，完善利益联结机制。加快家庭农场培育，深入开展农民合作社规范提升行动，开展龙头企业监测认定，积极创建农业产业化联合体，抓好优势特色产业集群建设。完善科技服务体系。开展农业创新驿站创建提升行动，深入推行科技特派员制度，将产业发展指导员转为乡村振兴指导员，持续抓好基层农技推广体系建设，加大高素质农民和农村实用人才培养，促进产学研用企深度融合。

2. 促进脱贫人口稳定就业。搭建用工信息平台，培育区域劳务品牌，加大脱贫人口有组织劳务输出力度。支持脱贫地区在农村人居环境、小型水利、乡村道路、农田整治、水土保持、产业园区、林业草原基础设施等涉农项目建设和管护时广泛采取以工代赈方式。延续支持扶贫车间的优惠政策。过渡期内逐步调整优化生态护林员政策。统筹用好乡村公益岗位，健全按需设岗、以岗聘任、在岗领补、有序退岗的管理机制，过渡期内逐步调整优化公益岗位政策。

就河北省而言，还部署了如下工作：深化京津冀劳务协作，配合京津等地加强对外输出脱贫劳动力的政策帮扶，确保稳定就业。鼓励返乡创业带动就业，扶持脱贫人口在农村传统技艺、乡村旅游、土特产加工等领域创业。

3. 持续改善脱贫地区基础设施条件。继续加大对脱贫地区基础设施建设的支持力度，重点谋划建设一批高速公路、客货共线铁路、水利、电力、机场、通信网络等区域性和跨区域重大基础设施建设工程。按照实施乡村建设行动统一部署，支持脱贫地区因地制宜推进农村厕所革命、生活垃圾和污水治理、村容村貌提升。推进脱贫县"四好农村路"建设，推动交通项目更多向进村入户倾斜，因地制宜推进较大人口规模自然村（组）通硬化路，加强通村公路和村内主干道连接，加大农村产业路、旅游路建设力度。加强脱贫地区农村防洪、灌溉等中小型水利工程建设。统筹推进脱贫地区县乡村三级物流体系建设，实施"快递进村"工程。支持脱贫地区电网建设和乡村电气化提升工程实施。

就河北省而言，还部署了如下工作：结合"空心村"治理，统筹县域城镇和村庄规划建设，促进县域内整体提升和均衡发展。完善农村公路安全生命防护工程，系统提升农村交通安全水平。

4. 进一步提升脱贫地区公共服务水平。继续改善义务教育办学条件，加强乡村寄宿制学校和乡村小规模学校建设。加强脱贫地区职业院校（含技工院校）基础能力建设。继续实施家庭经济困难学生资助政策和农村义务教育学生营养改善计划。在脱贫地区普遍增加公费师范生培养供给，加强城乡教师合理流动和对口支援。过渡期内保持现有健康帮扶政策基本稳定，完善大病专项救治政策，优化高血压等主要慢病签约服务，调整完善县域内先诊疗后付费政策。继续开展三级医院对口帮扶并建立长效机制，持续提升县级医院诊疗能力。加大中央倾斜支持脱贫地区医疗卫生机构基础设施建设和设备配备力度，继续改善疾病预防控制机构条件。继续实施农村危房改造和地震高烈度设防地区农房抗震改造，逐步建立农村低收入人口住房安全保障长效机制。继续加强脱贫地区村级综合服务设施建设，提升为民服务能力和水平。

就河北省而言，还部署了如下工作：组织开展"三区"支教、银龄讲学计划，逐步实现义务教育教师校长交流制度化常态化。持续加强县域医联体建设，有序推进乡村医疗卫生机构标准化建设。推进城乡公交一体化发展，县城20公里范围内农村客运班线公交化运营率达到90%以上。

5. 加强对农村低收入人口的常态化帮扶。脱贫攻坚结束后，农村仍有一部分低收入人口，包括农村低保对象、农村特困人员、农村易返贫致贫人口以及因病因灾因意外事故等刚性支出较大或收入大幅缩减导致基本生活出现严重困难人口等。必须以现有社会保障体系为基础，完善基层主动发现机制，健全风险预警、研判和处置机制，加强对农村低收入人口的常态化帮扶，提高政策精准性，切实保障好他们的基本生活。

一是加强农村低收入人口监测。以现有社会保障体系为基础，对农村低保对象、农村特困人员、农村易返贫致贫人口，以及因病因灾因意外事故等刚性支出较大或收入大幅缩减导致基本生活出现严重困难人口等农村低收入人口开展动态监测。充分利用民政、扶贫、教育、人力资源社会保障、住房城乡建设、医疗保障等政府部门现有数据平台,加强数据比对和信息共享,完善基层主动发现机制。健全多部门联动的风险预警、研判和处置机制,实现对农村低收入人口风险点的早发现和早帮扶。完善农村低收入人口定期核查和动态调整机制。

二是分层分类实施社会救助。完善最低生活保障制度,科学认定农村低保对象,提高政策精准性。调整优化针对原建档立卡贫困户的低保"单人户"政策。完善低保家庭收入财产认定方法。健全低保标准制定和动态调整机制。加大低保标准制定省级统筹力度。鼓励有劳动能力的农村低保对象参与就业,在计算家庭收入时扣减必要的就业成本。完善农村特困人员救助供养制度,合理提高救助供养水平和服务质量。完善残疾儿童康复救助制度,提高救助服务质量。加强社会救助资源统筹,根据对象类型、困难程度等,及时有针对性地给予困难群众医疗、教育、住房、就业等专项救助,做到精准识别、应救尽救。对基本生活陷入暂时困难的群众加强临时救助,做到凡困必帮、有难必救。鼓励通过政府购买服务对社会救助家庭中生活不能自理的老年人、未成年人、残疾人等提供必要的访视、照料服务。

就河北省而言,对"完善农村特困人员救助供养制度,合理提高救助供养水平和服务质量"制定了如下细化措施:推进县级供养服务设施建设,扩大专业照护和护理型床位,确保有集中供养意愿的特困人员全部实现集中供养。规范分散供养特困人员委托照料服务,强化监管措施。同时还指出,要持续发挥全省社会救助基金作用,使用社会救助基金开展救助。

三是合理确定农村医疗保障待遇水平。坚持基本标准,统筹发挥基本医疗保险、大病保险、医疗救助三重保障制度综合梯次减负功能。完善城乡居民基本医疗保险参保个人缴费资助政策,继续全额资助农村特困人员,定额资助低保对象,过渡期内逐步调整脱贫人口资助政策。在逐步提高大病保障水平基础上,大病保险继续对低保对象、特困人员和返贫致贫人口进行倾斜支付。进一步夯实医疗救助托底保障，合理设定年度救助限额，合理控制救助对象政策范围内自付费用比例。分阶段、分对象、分类别调整脱贫攻坚期超常规保障措施。重点加大医疗救助资金投入，倾斜支持乡村振兴重点帮扶县。

就河北省而言，针对"分阶段、分对象、分类别调整脱贫攻坚期超常规保障措施"提出，"脱贫人口中的低保对象、特困人员和防贫监测对象继续享受现有医疗保障措施"。

四是完善养老保障和儿童关爱服务。完善城乡居民基本养老保险费代缴政策，地方政府结合当地实际情况，按照最低缴费档次为参加城乡居民养老保险的低保对象、特困人员、返贫致贫人口、重度残疾人等缴费困难群体代缴部分或全部保费。在提高城乡居民养老保险缴费档次时，对上述困难群体和其他已脱贫人口可保留现行最低缴费档次。强化县乡两级养老机构对失能、部分失能特困老年人口的兜底保障。加大对孤儿、事实无人抚养儿童等保障力度。加强残疾人托养照护、康复服务。

就河北省而言，针对养老保障，要求每县（市、区）至少建有1所以失能、部分失能特困人员专业照护为主的供养服务设施。

五是织密兜牢丧失劳动能力人口基本生活保障底线。对脱贫人口中完全丧失劳动能力或部分丧失劳动能力且无法通过产业就业获得稳定收入的人口，要按规定纳入农村低保或特困人员救助供养范围，并按困难类型及时给予专项救助、临时救助等，做到应保尽保、应兜尽兜。

6. 加强对推动有效衔接的支持保障。总结脱贫攻坚经验，坚持省市县乡村五级书记一起抓，健全中央统筹、省负总责、市县乡抓落实的工作机制，完善责任、政策、投入、动员、监督、考核等制度体系，广泛动员社会力量参与，形成推动脱贫攻坚和乡村振兴有效衔接的强大合力。

一是发挥好财政政策作用。一要充分发挥财政政策效应，巩固拓展脱贫攻坚成果。加大财政资金对脱贫地区民生需求的支出，支持防止致贫返贫监测预警。要利用财政资金撬动保险资金，在促进农村民生保险方面，继续发力，使广大农民的基本民生需求，如子女教育、住房、医疗、养老等得到基本保障基础上逐步提升水平。二要精准使用财政资金，发力乡村全面振兴。实现乡村全面振兴，需要财政资金继续在基础设施上发挥投入主力军的作用，并借助市场机制，撬动多方资金投入农村的基础设施改造升级。实现乡村全面振兴，需要在乡村振兴中强调绿色发展，财政资金更多向绿色项目上倾斜。三要做好财政投入政策的有效衔接。过渡期内的财政支持政策需总体保持稳定。要做好原财政专项扶贫资金的调整优化工作。动态调整，持续优化财政资金的支出结构，使用于巩固拓展脱贫攻坚和乡村振兴的财力保持稳定，功能更加聚焦，结构更加优化，绩效更加提升。

二是发挥好金融服务政策作用。2021年4月，银保监会发布了《关于2021年银行业保险业高质量服务乡村振兴的通知》，从八个方面提出了2021年银行业保险业高质量服务乡村振兴工作要求，包括优化金融服务供给体系和服务机制、强化关键领域金融产品供给、提升县域金融服务质效、加强农村信用体系建设、发挥保险保障作用、创新金融产品和服务、支持巩固拓展脱贫攻坚成果同乡村振兴有效衔接、加强差异化监管考核等。提出要进一步强化各类机构定位、服务重点，着力提升差异化竞争能力，构建层次分明、优势互补的服务体系。鼓励银行业金融机构建立服务乡村振兴的内设机构。在内部政策倾斜方面，在原有经济资本配置、内部资金转移定价、人员配备、考核激励、费用安排的基础上，鼓励银行在信贷审批流程、授信权限、产品研发方面对乡村振兴业务予以政策倾斜。要求银行业保险业巩固脱贫攻坚成果，在过渡期内保持帮扶政策总体稳定，将脱贫攻坚的经验做法应用于乡村振兴之中。加大对县域产业发展和国家乡村振兴重点帮扶县的政策支持力度，向脱贫户和边缘易致贫户发放利率优惠、财政适当贴息的小额信用贷款，努力完成脱贫地区信贷保险考核目标。

三是发挥好土地政策作用。坚持最严格耕地保护制度，强化耕地保护主体责任，严格控制非农建设占用耕地，坚决守住18亿亩耕地红线。以国土空间规划为依据，按照应保尽保原则，新增建设用地计划指标优先保障巩固拓展脱贫攻坚成果和乡村振兴用地需要。过渡期内，对脱贫地区继续实施城乡建设用地增减挂钩节余指标省内交易政策；在东西部协作和对口支援框架下，对现行政策进行调整完善，继续开展增减挂钩节余指标跨省域调剂。

　　四是发挥好人才政策作用。一要强化农业专业技术人才支撑。加强农技人才队伍建设，探索"县管乡用、下沉到村"的新机制，强化对"土专家"等乡土人才培养，提升基层农技人员技能，并通过"传帮带"的形式帮助指导本地农户种植、管理技术，提高农产品供给的质量和效益，不断延伸种养产业链条，拓宽农业增收渠道。二要加强基层党组织人才支撑。持续加强农村基础设施建设和公共服务水平建设，缩小城镇基本公共服务水平差距，吸引年轻群体返乡创业就业，同时，强化政策扶持，将有能力有意愿的优秀大学生选调到基层纳入村级后备干部管理，不断增加人才储备。三要加强基层医疗、教育等人才支撑。要继续实施农村义务教育阶段教师特岗计划、中小学幼儿园教师国家级培训计划、高校毕业生"三支一扶"计划、重点高校定向招生专项计划、全科医生特岗和农村订单定向医学生免费培养计划等，加大人才在工资待遇、福利保障等方面的政策倾斜，完善人才激励机制、加强人才技能培养，以人才振兴助推乡村振兴。

8 稳住农业基本盘
——抓好农业生产和乡村建设

抓好农业生产和乡村建设，切实稳住农业基本盘，守好"三农"压舱石，事关经济社会发展大局。习近平总书记对新发展阶段牢牢把住粮食安全主动权，全面推进乡村振兴落地见效提出明确要求。李克强总理在第十三届全国人大四次会议上所作的《政府工作报告》中，对抓好农业生产和推进乡村建设作出重要部署。2021年中央一号文件也对此进行了系统安排。我们要认真学习领会，切实把党中央、国务院的决策部署和工作要求落到实处。

一、提升粮食和重要农产品供给保障能力

保障粮食和重要农产品的有效供给是抓好农业生产的首要任务。虽然我国农业已经连续多年实现丰收，粮食和重要农产品供应总体充裕，但农业发展基础仍不稳固，保障粮食和重要农产品有效供给面临不少风险与挑战。特别是在国际环境错综复杂、不稳定性不确定性因素日益增加的背景下，必须坚持立足国内、办好自己的事，坚决稳住农业基本盘，坚持不懈抓紧抓好农业生产，提高粮食和重要农产品供给保障能力，以国内粮食稳产保供的稳定性来应对外部环境的不确定性，才能牢牢把住国家粮食安全主动权。

（一）抓好粮食和重要农产品生产，确保实现稳产保供目标

提高粮食和重要农产品供给保障能力，就要保障2021年农产品市场供应和价格基本稳定。要狠抓工作、责任和政策落实，不折不扣地完成全年农业生产任务。

一是坚决将粮食产量保持在1.3万亿斤以上。粮食生产是安天下、稳民心的战略产业。保障国家粮食安全是一个永恒课题，在任何时候都不能放松。我国粮食生产已实现了历史性的"十七连丰"，全国粮食总产量连续6年保持在1.3万亿斤以上，人均占有量远高于国际粮食安全标准线，库存消费比远高于联合国粮农组织提出的安全警戒线。习近平总书记强调，要牢牢把住粮食安全主动权，粮食生产年年要抓紧。在新冠肺炎疫情防控中，我国社会始终保持稳定，粮食和重要农副产品稳定供给功不可没。粮食连年丰收，粮食储备充实，我国有基础、有条件，有信心、有能力，确保"谷物基本自给、口粮绝对安全"，把14亿中国人的饭碗牢牢端在自己手中。

我们也要清醒地认识到，粮食安全仍然是全球性的重大课题，实现联合国2030年可持续发展议程"零饥饿"目标面临着严峻挑战；受新冠肺炎疫情等影响，国际粮食供应链不稳定因素增加；我国粮食消费需求刚性增长和资源环境硬约束并存，当前和今后一个时期，我国粮食供求紧平衡的格局不会改变。在这个问题上决不能掉以轻心，要始终紧绷粮食安全这根弦。坚决将粮食产量保持在1.3万亿斤以上，这是党中央明确提出的2021年经济社会发展主要预期目标之一，是确保国家粮食安全必须达到的底线要求。实现这一目标，重点要在两方面发力：一要着力抓好粮食播种面积落实。近年来我国粮食生产实践一再证明，在现有农业生产条件和技术水平下,稳定粮食生产关键在于稳定粮食播种面积。2020年河北省粮食播种面积比国家下达的播种面积增加103.5万亩,超额完成国家下达的目标任务,为粮食全年丰收打下了基础。粮食播种面积9583.5万亩、总产量759.2亿斤,粮食总产量连续8年稳定在700亿斤以上;全省粮食平均亩产396.1公斤,比上年增加10.7公斤,创历史最高水平。要继续坚持2020年行之有效的好做法,将粮食播种面积作为约束性指标,推动各地一季接着一季抓好粮食播种面积落实,确保全年粮食播种面积只增不减。

二要着力抓好农业防灾减灾。要继续坚持立足抗灾夺丰收,在全面落实好常规防控措施的同时,有针对性地加强气象灾害和重大病虫害防控,要加强部门合作,完善信息共享和联合会商机制,提高预报预警准确性和针对性;强化灾害预警服务,统筹利用各类资源,推进信息进村入户;发挥人工影响天气保障作用,强化农业生产服务,加大重点区域、重要农事季节的抗旱、防雹作业力度,保障粮食安全和农产品供给;还应加强人工影响天气科技创新团队和高层次人才队伍建设,加强基层专业化作业队伍建设。确保最大限度降低灾害对粮食生产的影响。

二是切实稳定生猪等畜禽生产。在各方面共同努力下,2020年年底全国生猪和能繁母猪存栏分别达到2017年年底的92.1%和93.1%,产能恢复进度超出预期。但当前生猪稳产保供的基础还不牢固,2020年的猪肉产量同比还在下降,猪肉市场价格也仍然偏高。要继续抓好生猪产业发展扶持政策落实,加强非洲猪瘟等疫病防控,努力巩固生产恢复的好势头,确保产能恢复到正常年份水平。要加强生猪生产和市场价格监测预警,适时做好逆周期调控,健全生猪产业平稳有序发展的长效机制,努力降低生猪生产和猪肉市场价格波动幅度。同时,还要针对牛羊肉消费需求快速增长和家禽市场价格波动频繁等实际,启动实施牛羊发展五年行动计划,促进家禽生产稳定发展,持续推进奶业振兴行动,推动水产养殖提质增效,多措并举稳定畜禽水产品生产供应和市场价格。

三是强化对粮食和重要农产品生产支持保障。粮食和重要农产品不是一般商品，做好稳产保供离不开强有力的支持保障。要围绕"国之大者"扛稳政治责任，粮食安全不能光算经济账、不算政治账，要切实增强政治意识，不断提高政治判断力、政治领悟力、政治执行力。要严格落实粮食安全党政同责要求，完善粮食安全省长责任制考核办法，推动地方各级党委和政府扛好粮食安全的政治责任。粮食主产区、主销区、产销平衡区都要保面积、保产量，饭碗一起端，责任一起扛，共同端牢中华民族的"铁饭碗"。长期以来，产粮大省、大市、大县为保障国家粮食安全作出了重要贡献，要加快健全粮食主产区支持政策体系，加大产量大县奖补力度，对粮食生产任务完成较好、增幅增量较大的省份加大倾斜支持力度，让地方政府抓粮有动力、有干劲。要调动和保护好农民种粮积极性，要稳定种粮农民补贴，落实好稻谷、小麦最低收购价政策，完善玉米、大豆生产者补贴政策，扩大稻谷、小麦、玉米三大粮食作物完全成本保险和收入保险试点范围，确保让农民种粮有钱挣、有奔头。减少粮食损失浪费也是增加生产供给，"丰年不忘灾年"，开展粮食节约行动，全面减少损耗浪费，建立遏制"舌尖上的浪费"长效机制。

（二）紧紧扭住种子和耕地两个要害，夯实粮食和重要农产品供给保障的基础支撑

稳定发展粮食生产，要深入实施藏粮于地、藏粮于技战略，重点抓好耕地和种子"两个要害"。

一是打好种业翻身仗。作为农业"芯片"，种子行业的发展水平直接关乎我国粮食安全的命脉。目前我国农作物自主选育品种面积占比超过95%，农作物良种覆盖率稳定在96%以上。近年来，我国种业发展有了长足进步，但受种业入门门槛较低、科研与市场脱节、管理制度落后等影响，目前仍面临模仿抄袭成风、种子企业小而多小而散、"洋种子"威胁加剧等多重困境。我国种业在核心技术创新、商业化育种体系等方面与发达国家还存在差距。推进种业高质量发展，确保中国碗主要装中国粮，中国粮主要用中国种。打好种业翻身仗是长期系统工程，

2021年的重点是打好基础，确保实现良好开局。要加强农业种质资源普查鉴定保护，加快第三次农作物种质资源普查与收集，启动全国畜禽水产种质资源调查，开展农业种质资源精准鉴定，规划建设好国家畜禽种质资源库和活体保护场，着力夯实种质资源基础。要根据种业创新规律和农业发展需求制定好育种攻关规划，启动重点种源关键核心技术攻关和新一轮畜禽水产遗传改良计划，持续抓好农作物和畜禽良种联合攻关。加快实施农业生物育种重大科技项目，有序推进生物育种产业化应用，坚决打赢种业翻身仗。此外，遴选一批创新强、潜力大的育繁推一体化龙头企业，促进技术、人才、资金等创新要素向企业集聚，并加大种业知识产权保护力度，为种业创新发展营造良好的环境。加大制种大县支持力度，加强种业市场监管整治，保障生产用种需要，筑牢推动产学研用深度融合发展的经营主体基础。

二是坚决守住18亿亩耕地红线。耕地上，要稳数量、提质量，守住粮食生产的命根子。要严防死守18亿亩耕地红线，采取"长牙齿"的硬措施，落实最严格的耕地保护制度，深入推进农村乱占耕地建房专项整治行动，严格控制非农建设占用耕地，严格建设占用耕地新增补充耕地的核实认定和监管，严禁违规占用耕地和违背自然规律绿化造林、挖湖造景，切实遏制耕地"非农化"。要加强耕地用途管制，明确耕地利用优先序，永久基本农田重点用于粮食特别是口粮生产，一般耕地主要用于粮食和棉、油、糖、蔬菜等农产品及饲草饲料生产。明确耕地和永久基本农田不同的管制目标和管制强度，严格控制耕地转为林地、园地等其他类型农用地，切实防止"非粮化"，确保良田粮用。实施新一轮高标准农田建设规划，提高建设标准和质量，健全管护机制，多渠道筹集建设资金，中央和地方共同加大粮食主产区高标准农田建设投入，2021年建设1亿亩旱涝保收、高产稳产高标准农田。保耕地不仅要保数量，还要提质量，要以建设高标准农田为重要抓手，在确保完成既定规划建设任务的基础上，编制实施新一轮建设规划，提高建设标准和质量，加大建设投入，健全管护机制，保质保量实现建设目标。

> **权威访谈**
>
> **中央农办主任，农业农村部党组书记、部长唐仁健**
>
> 耕地是粮食生产的命根子，这方面投入要增加，工作再加力。2021年与2022年，每年要建设1亿亩高标准农田、统筹发展高效节水灌溉1500万亩，这是必须交账的硬任务，也是提升耕地质量的重要抓手。同时，实施国家黑土地保护工程，建设200个集中连片退化耕地治理示范区，开展保护性耕作6000万亩。

三是强化现代农业科技和物质装备支撑。在粮食和重要农产品市场需求规模越来越大而水土资源约束越来越紧的情况下，加快改造提升传统农业，强化现代农业物质技术装备，推动设施化、机械化、绿色化和数字化，给现代农业插上科技的翅膀。要完善灌溉设施，启动实施新一轮大中型灌区续建配套和现代化改造，加快发展高效节水灌溉。要强化农业科技服务保障，加强农业科技社会化服务体系建设，提高动物防疫、农作物病虫害防治体系建设水平和防控能力。要着力补上农业机械化短板，加大粮食生产薄弱环节、丘陵山区和绿色智能农机等机具补贴力度，加快丘陵山区农田宜机化改造，提高全面全程机械化水平。要加强农产品现代流通设施建设，实施好农产品仓储保鲜冷链物流设施建设工程，加快完善县乡村三级农村物流体系。

> **高端声音**
>
> 2020年7月22日至24日，中共中央总书记、国家主席、中央军委主席习近平在吉林省考察。习近平总书记强调，农业现代化，关键是农业科技现代化。要加强农业与科技融合，加强农业科技创新，科研人员要把论文写在大地上，让农民用最好的技术种出最好的粮食。要认真总结和推广梨树模式，采取有效措施切实把黑土地这个"耕地中的大熊猫"保护好、利用好，使之永远造福人民。

（三）深化农业供给侧结构性改革，提高粮食和重要农产品供给质量效益和可持续性

保障粮食和重要农产品有效供给，既要保数量，还要保质量、有效益、可持续。要深入推进农业供给侧结构性改革，加快推动品种培优、品质提升和生产经营现代化。

> **政策传真**
>
> 2021年河北省委省政府乡村振兴工作领导小组会议强调：要坚持不断深化农业供给侧结构性改革，提升农业规模化、产业化、市场化、品牌化水平。要加快调整优化全省农业结构，大力发展现代都市型农业和特色高效农业，积极推广节水农业、绿色农业、设施农业，提升农业生产效益和附加值。要坚持一乡一业、一村一品，大力发展乡村旅游、休闲农业、健康养老等新业态，促进一二三产业融合发展。要积极推广龙头企业+合作社+基地+农户"四位一体"生产经营模式，培育壮大新型农业经营主体，发展适度规模经营，切实增强农业抗风险能力。

一是调整优化农业种植结构。这是满足人民群众过上更好生活新期待的现实需要，也是推进农业高质量发展、提高粮食和重要农产品供给保障水平的必然要求。要优化粮食品种品质结构，深入实施优质粮食工程，积极扩大优质稻和强筋、弱筋小麦生产，着力挖掘玉米增产潜力，稳定优质食用大豆生产，提高优质专用和市场供应紧缺粮食品种生产比重。要因地制宜扩大油料生产，多措并举发展油菜、花生等油料作物，加快发展木本油料，利用闲散耕地、丘陵、河滩、荒地、沙地等发展特色油料，不断增加油料供给。要继续合理调整"粮经饲"结构，积极推广种养结合模式，加强优质饲草生产基地建设，促进棉花、糖料生产稳定发展。

二是推进农业绿色发展。农业绿色发展是农业发展观的一场深刻革命，是新发展理念在农业农村领域的具体体现。推进农业绿色发展不仅是资源环境问题凸显带来的必须转变发展方式的迫切要求，更是适应经济社会发展对农业功能和需求变化的需要。要建立系统完备的农业绿色发展标准体系，在产地环境保护方面，要重点制定耕地土壤污染治理及效果评价标准、耕地质量监测和等级评价技术规范、农药风险评估技术标准体系、规模养殖环境评价标准；在生产过程控制方面，要重点制定种植养殖污染防控技术标准；在农产品质量安全方面，重点推进农产品质量安全追溯体系建设。要健全合理有效的农业绿色发展监测预警机制，瞄准农业全产业链，监测采集重要农产品生产、流通、贸易等信息，打造农业大数据平台，加强分析预警和信息发布，开展精准信息服务。要健全科学规范的农业绿色发展补贴制度，进一步以保障粮食等主要农产品供给安全、农民稳定增收和农业生态环境保护为目标，完善农业补贴政策。要建立完善运转有力的农业绿色发展保障机制，形成有效的激励效应，确保农业绿色生产者获得更多的效益。

政策传真

2021年中央一号文件：

推进农业绿色发展。实施国家黑土地保护工程，推广保护性耕作模式。健全耕地休耕轮作制度。持续推进化肥农药减量增效，推广农作物病虫害绿色防控产品和技术。加强畜禽粪污资源化利用。全面实施秸秆综合利用和农膜、农药包装物回收行动，加强可降解农膜研发推广。在长江经济带、黄河流域建设一批农业面源污染综合治理示范县。支持国家农业绿色发展先行区建设。加强农产品质量和食品安全监管，发展绿色农产品、有机农产品和地理标志农产品，试行食用农产品达标合格证制度，推进国家农产品质量安全县创建。加强水生生物资源养护，推进以长江为重点的渔政执法能力建设,确保十年禁渔令有效落实,做好退捕渔民安置保障工作。发展节水农业和旱作农业。推进荒漠化、石漠化、坡耕地水土流失综合治理和土壤污染防治、重点区域地下水保护与超采治理。实施水系连通及农村水系综合整治,强化河湖长制。巩固退耕还林还草成果,完善政策、有序推进。实行林长制。科学开展大规模国土绿化行动。完善草原生态保护补助奖励政策,全面推进草原禁牧轮牧休牧,加强草原鼠害防治,稳步恢复草原生态环境。

三是推进现代农业经营体系建设。要立足大国小农的基本国情农情,提高粮食和重要农产品生产质量效益和可持续性,必须加快推进现代农业经营体系建设,当前,我国有承包耕地农户数2.07亿户,通过土地流转经营30亩以上的农户占全国农户总数的5%,小农户仍是农业生产的主体,把小规模农户逐步引入现代农业发展的轨道。要坚持家庭承包经营基础性地位不动摇,有序开展第二轮土地承包到期后再延长30年试点,保持农村土地承包关系稳定并长久不变。根据2021年中央一号文件要求,要大力培育家庭农场,促进农民合作社质量提升,支持农业产业化龙头企业充分发挥服务带动作用,引领带动多种形式适度规模经营发展。要发展壮大农业专业化社会化服务组织,创新服务方式,加快将先进适用的品种、投入品、技术、装备导入小规模农户,有利于提高农业科技水平、提高农民科技文化素质、提高农业综合经营效益。此外,要继续深化供销合作社综合改革,健全服务农民生产生活综合平台。

二、扎实推进乡村建设

实施乡村建设行动是党的十九届五中全会作出的重大战略部署,是推进农业农村现代化的重要抓手。乡村建设是全面建设社会主义现代化国家的重要任务,对于当前实施好扩大内需战略、畅通城乡经济循环也具有重要作用。2021年是实施乡村建设行动的第一年，必须迈好第一步，切实迈好第一步，切实在改善农村生产生活条件上收到新成效。

（一）积极有序推进村庄规划

这是推进乡村建设的基础性工作。2021年要重点抓好三件事：一是抓紧做好村庄布局规划。2021年要基本完成县级国土空间规划编制，形成市县村庄布局规划一张图，明确村庄分类和布局。二是扎实做好"多规合一"实用性村庄规划编制。依照县域和乡镇国土空间规划，逐村编制"多规合一"的实用村庄规划，对有条件、有需求的村庄尽快实施村庄规划全覆盖。三是强化规划实施。严格按照规划有序开展建设，各类建设活动都要服从规划，暂时没有编制规划的村庄要按照县乡两级国土空间规划中确定的用途管制和建设管理要求进行建设，对违规乱建行为要严肃查处。

尤其需要重视的是，各地农村情况千差万别，编制村庄规划要立足现有基础，保留乡村特色风貌，不搞大拆大建。按照规划有序开展各项建设，严肃查处违规乱建行为。健全农房建设质量安全法律法规和监管体制，3年内完成安全隐患排查整治。完善建设标准和规范，提高农房设计水平和建设质量。继续实施农村危房改造和地震高烈度设防地区农房抗震改造。加强村庄风貌引导，保护传统村落、传统民居和历史文化名村名镇。加大农村地区文化遗产遗迹保护力度。乡村建设是为农民而建，要因地制宜、稳扎稳打，不刮风搞运动。严格规范村庄撤并，不得违背农民意愿、强迫农民上楼，确保把好事办好、把实事办实。

（二）加快建设现代乡村产业体系

乡村产业是以农业农村资源为依托，以一二三产业融合发展为核心的现代产业体系，是全面推进乡村振兴的物质基础。加快构建现代乡村产业体系，要在三方面发力：一是依托乡村特色优势资源加快打造农业全产业链。把产业链主体留在县域，让农民更多分享农业产业链延伸的增值收益和就业创业机会。二是立足提高产品质量加快健全现代农业全产业链标准体系。推动新型农业经营主体按标生产，培育农业龙头企业标准"领跑者"，引导农产品加工企业向县域布局，大力发展农产品产地初加工、精深加工和农业副产物综合利用，建设现代农业产业园、农业产业强镇、优势特色产业集群。推进公益性农产品市场和农产品流通骨干网络建设，提高乡村产业产品质量的标准化水平。三是把农业现代化示范区作为推进农业现代化的重要抓手。围绕提高农业产业体系、生产体系、经营体系现代化水平，建立指标体系，加强资源整合、政策集成，以县（市、区）为单位开展创建，到2025年创建500个左右示范区，形成梯次推进农业现代化的格局。创建现代林业产业示范区。组织开展"万企兴万村"行动。

（三）加强乡村公共基础建设

经过多年的不懈努力，农村基础设施虽然有了很大改善，但还存在不少短板弱项，必须继续把公共基础设施建设的重点放在农村，着力推进往村覆盖、往户延伸。2021年，重点要实施好五项工程：一是农村道路畅通工程。有序推进较大人口规模自然村（组）通硬化路，加强农村资源路、产业路、旅游路和村内主干道建设。推进农村公路建设项目更多向进村入户倾斜。继续通过中央车购税补助地方资金、成品油税费改革转移支付、地方政府债券等渠道，按规定支持农村道路发展。继续开展"四好农村路"示范创建，启动城乡交通一体化示范创建工作。加强农村道路桥梁安全隐患排查，落实管养主体责任。强化农村道路交通安全监管。二是农村供水保障工程。加强中小型水库等稳定水源工程建设和水源保护，实施规模化供水工程建设和小型工程标准化改造，在有条件的地区推进城乡供水一体化。完善农村水价水费形成机制和工程长效运营机制。三是乡村清洁能源建设工程。加大农村电网建设力度，全面巩固提升农村电力保障水平。推进燃气下乡，支持建设安全可靠的乡村储气罐站和微管网供气系统。发展农村生物质能源，加强煤炭清洁化利用。四是数字乡村建设发展工程。推动农村千兆光网、第五代移动通信

(5G)、移动物联网与城市同步规划建设，完善电信普遍服务补偿机制，支持农村及偏远地区信息通信基础设施建设，加快建设农业农村遥感卫星等天基设施。发展智慧农业，建立农业农村大数据体系，推动新一代信息技术与农业生产经营深度融合。完善农业气象综合监测网络，提升农业气象灾害防范能力。加快推进乡村公共服务、社会治理等数字化智能化。五是村级综合服务设施提升工程。加强村级客运站点、文化体育、公共照明等服务设施建设。

（四）提升农村基本公共服务水平

坚持把基本公共服务发展重点放在农村，加快建立城乡公共资源均衡配置机制，不断缩小城乡发展差距。主要从六个方面发力：一要着力提高农村教育质量，多渠道增加农村普惠性学前教育资源供给，继续改善乡镇寄宿制学校办学条件，保留并办好必要的乡村小规模学校，在县城和中心镇新建改扩建一批高中和中等职业学校。完善农村特殊教育保障机制。推进县域内义务教育学校校长教师交流轮岗，支持建设城乡学校共同体，面向农民就业创业需求发展职业技术教育与技能培训。建设一批产教融合基地。开展耕读教育。加快发展面向乡村的网络教育。加大涉农高校、涉农职业院校、涉农学科专业建设力度。二要全面推进健康乡村建设，提升村卫生室标准化建设和健康管理水平，推动乡村医生向执业（助理）医师转变，采取派驻、巡诊等方式提高基层卫生服务水平，提升乡镇卫生院医疗服务能力，选建一批中心卫生院。加强县级医院建设和县域紧密型医共体建设。加强妇幼、老年人、残疾人等重点人群健康服务。三要健全统筹城乡的就业政策和服务体系，推动公共就业服务机构向乡村延伸，深入实施新生代农民工职业技能提升计划。四要完善统一的城乡居民基本医疗保险制度，合理提高政府补助标准和个人缴费标准，健全重大疾病医疗保险和救助制度。落实城乡居民基本养老保险待遇确定和正常调整机制。推进城乡低保制度统筹发展，逐步提高特困人员供养服务质量。五要加强对农村儿童、妇女、老年人的关爱服务，加快发展农村普惠型养老服务和互助性养老。六要积极推进农村公益性殡葬设施建设。推进城乡公共文化服务体系一体建设，创新实施文化惠民工程。

（五）实施好农村人居环境整治提升五年行动

农村人居环境整治既是推进乡村建设的重点任务，也是农民群众的深切期盼。要在巩固农村人居环境整治三年行动成果的基础上，要在四个方面启动实施好农村人居环境整治提升五年行动，持续改善农村人居环境。一要分类有序推进农村厕所革命，重点推动具备条件的中西部地区农村户用厕所改造，引导新改户用厕所入院入室，加快研发干旱、寒冷地区卫生厕所适用技术和产品。二要统筹推进农村改厕和污水、黑臭水体治理，因地制宜建设污水处理设施，积极推行农村生活污水便捷低成本处理模式。三要健全农村生活垃圾收运处置体系，推动有条件地方开展农村垃圾源头分类减量和资源化处理利用，建设有机废弃物综合处置利用设施。四要健全农村人居环境设施管护机制，有条件的地区推广城乡环卫一体化第三方治理，深入推进村庄清洁和绿化行动，持续开展美丽宜居村庄和美丽庭院示范创建活动。

（六）加快县域内城乡融合发展

从2021年开始，整个"十四五"时期，全面实施乡村建设行动，重点之一是加快县域内城乡融合发展。推进乡村建设、推动城乡融合发展，要把县域作为重要切入点，在促进城乡空间布局、产业发展、基础设施等县域内统筹上持续发力。具体实现途径有两条：一是通过强化统筹谋划和顶层设计，破除城乡分割的体制弊端，加快打通城乡要素平等交换、双向流动的制度性通道。二是统筹县域产业、基础设施、公共服务、基本农田、生态保护、城镇开发、村落分布等空间布局，强化县城综合服务能力，把乡镇建设成为服务农民的区域中心，实现县乡村功能衔接互补。壮大县域经济，承接适宜产业转移，培育支柱产业。加快小城镇发展，完善基础设施和公共服务，发挥小城镇连接城市、服务乡村作用。推进以县城为重要载体的城镇化建设，有条件的地区按照小城市标准建设县城。积极推进扩权强镇，规划建设一批重点镇。开展乡村全域土地综合整治试点。推动在县域就业的农民工就地市民化，增加适应进城农民刚性需求的住房供给。鼓励地方建设返乡入乡创业园和孵化实训基地。

（七）加强农村精神文明建设和乡村治理

乡村建设行动不仅抓硬件，还要强软件。2021年，河北省要深入开展"三基"建设年活动，切实抓好乡镇、村领导班子集中换届，夯实农村基层基础。要加强农村精神文明建设，弘扬和践行社会主义核心价值观，以农民群众喜闻乐见的方式，深入开展习近平新时代中国特色社会主义思想学习教育。拓展新时代文明实践中心建设，深化群众性精神文明创建活动。建强用好县级融媒体中心。在乡村深入开展"听党话、感党恩、跟党走"宣讲活动。深入挖掘、继承创新优秀传统乡土文化，把保护传承和开发利用结合起来，赋予中华农耕文明新的时代内涵。持续推进农村移风易俗，加大高价彩礼、人情攀比、厚葬薄养、铺张浪费、封建迷信等不良风气治理，推动形成文明乡风、良好家风、淳朴民风。加大对农村非法宗教活动和境外渗透活动的打击力度，依法制止利用宗教干预农村公共事务。要围绕建设善治乡村，持续抓党建促乡村振兴，坚持和完善向重点乡村选派驻村第一书记和工作队制度，推进村委会规范化建设和村务公开"阳光工程"，创建民主法治示范村，培育农村学法用法示范户。加强乡村人民调解组织队伍建设，推动就地化解矛盾纠纷。要抓好平安乡村建设，健全社会矛盾纠纷多元预防调处化解综合机制，维护农村社会安全稳定。加强县乡村应急管理和消防安全体系建设，做好对自然灾害、公共卫生、安全隐患等重大事件的风险评估、监测预警、应急处置。健全党组织领导的自治、法治、德治相结合的乡村治理体系。

9 稳中提质
——塑造国际经济合作和竞争新优势

形成对外开放新格局，参与国际经济合作和竞争新优势明显增强是2035年远景目标之一。党的十九届五中全会指出，坚持实施更大范围、更宽领域、更深层次对外开放，依托我国大市场优势，促进国际合作，实现互利共赢。要建设更高水平开放型经济新体制，全面提高对外开放水平，推动贸易和投资自由化便利化，推进贸易创新发展，推动共建"一带一路"高质量发展，积极参与全球经济治理体系改革。

一、坚定不移推进新时代对外开放

中国特色社会主义进入新时代，这是我国发展新的历史方位。全面开放是新时代对外开放的鲜明特征。习近平总书记在深圳经济特区建立40周年庆祝大会上的讲话中指出，当前，世界经济面临诸多复杂挑战，我们决不能被逆风和回头浪所阻，要站在历史正确的一边，坚定不移全面扩大开放，推动建设开放型世界经济，推动构建人类命运共同体。

（一）以对外开放赢得国际竞争的主动

改革开放40多年的实践启示我们：开放带来进步，封闭必然落后。中国的发展离不开世界，世界的繁荣也需要中国。我们统筹国内国际两个大局，坚持对外开放的基本国策，实行积极主动的开放政策，形成全方位、多层次、宽领域的全面开放新格局，为我国创造了良好国际环境、开拓了广阔发展空间。习近平总书记指出，加快构建开放型经济新体制，以对外开放的主动赢得经济发展的主动，赢得国际竞争的主动。

在全球经济增速放缓、国际市场萎缩、我国传统比较优势逐渐弱化、国际竞争愈加激烈的大背景下，进一步提升对外开放水平，更加主动的开放有助于塑造国际经济合作竞争新优势。通过稳步走出去参与构建全球及区域产业链和分工体系，拓展与世界各国的利益交汇点，才能更好引进高质量生产要素、更充分利用国际资源和市场，有效对冲外部环境趋紧的不利影响，加快培育技术、品牌、质量、服务等竞争新优势，提升我国的国际分工地位。通过改善国内营商环境，加快与国际高标准经贸规则接轨，提升我国在全球经济治理中的话语权。

> **专家视角**
>
> **塑造国际合作和竞争新优势具有重大战略意义**
>
> 国务院发展研究中心副主任、党组成员隆国强指出：塑造我国参与国际合作和竞争新优势，是新发展阶段我国高水平对外开放的内在要求和当务之急。首先，是应对百年大变局的有力武器。当前，全球经济格局正在发生深刻变化。越来越多的新兴经济体走上出口导向发展道路，对我国传统优势产品形成日益增大的竞争压力；大国博弈不断加剧，唯有加快塑造参与国际合作与竞争新优势，才能扬长补短强弱项，克服"卡脖子"难题，实现产业链自主可控，赢

得国际竞争的主动。其次,是推动构建新发展格局的内在要求。有利于利用外部市场需求,拉动我国技术创新与产业升级,有利于促进内外循环良性互动。最后,是实现现代化目标的必由之路。跨越"中等收入陷阱"是建设现代化国家的一个台阶,从国际经验看,要成功跨越"中等收入陷阱",既要保持较快的实际经济增长速度,又要实现本国竞争优势的升级。

(二) 正确认识新形势下对外开放面临的机遇和挑战

1. 从国际看,世界处于百年未有之大变局,经济全球化遭遇逆流,单边主义、保护主义抬头,新冠肺炎疫情全球蔓延,加剧了全球的不确定性和不稳定性。新一轮科技革命和产业变革深入发展,新兴经济体和发展中国家群体性崛起,主要大国力量对比变化继续推进世界多极化发展,并推动全球治理体系变革。

一是经济全球化遭遇回头浪但深入发展趋势不变。近年来,保护主义泛起导致贸易摩擦增多,国家安全泛化制约投资便利化自由化。美国单边主义横行,并且和其他一些发达国家不断泛化国家安全概念,破坏现有国际经济合作秩序,扰乱全球产业链价值链体系。但是,经济全球化深入发展大趋势不会改变,经济全球化符合经济发展的客观规律,符合多数国家的根本利益,符合人类开放融合的历史发展方向,我国深度参与经济全球化仍面临巨大机遇。

资料补充

国家安全泛化制约投资便利化自由化

美国出台《外国投资风险评估现代化法案》及其配套的实施细则,大幅扩展外资安全审查权限,将27个重点行业纳入强制审查范

> 围并增加审查程序的复杂性。澳大利亚受疫情影响,将外资审查门槛临时调低为0澳元,导致审查"全覆盖",并且准备新设独立的国家安全测试制度。加拿大将公共卫生相关领域纳入外资审查范围。欧盟多国也纷纷收紧外资并购政策。全球资本流动面临的壁垒进一步筑高,投资便利化自由化程度明显降低。

二是新一轮科技革命和产业变革加剧竞争也孕育新机。以信息技术、生物技术、新能源技术革命为主导的第四次工业革命,将推动全球产业链、供应链和价值链加速融合重组。重塑全球产业格局。同时,数字技术提升服务贸易水平,催生数字贸易新形态。尤其是跨境电商等新兴贸易业态不断涌现,将为我国中小微企业提供更多市场机会。

三是中国与全球产业链供应链深度融合。改革开放40多年来,我国加速融入全球产业分工体系和贸易体系,我国是全球120多个国家和地区的最大贸易伙伴,有220多种工业品产量位居世界第一,我国已经成为全球供应链上不可或缺的重要环节。随着国际分工由产业内分工向产品内分工深化发展,我国通过双向跨境投资与全球产业链供应链的联结将更加紧密。

四是新冠肺炎疫情影响将加速国际产业布局调整。疫情全球蔓延,全球产业链供应链区域化、本地化、分散化、多元化倾向增强,传统的"东亚生产—欧美消费—其他地区提供能源资源"的世界经济大循环格局可能重塑,区域经济循环有望进一步强化,区域全面经济伙伴关系协定(RCEP)、全面与进步跨太平洋伙伴关系协定(CPTPP)等区域性贸易投资协定作用将进一步凸显。

五是全球治理体系特别是国际经贸规则面临重大变革。WTO在农业等传统议题谈判进展缓慢,国际贸易争端难以有效解决,各方在上诉机构、发展中国家地位、透明度和通报、投资便利化、竞争规则、政府采购规则等WTO规则改革主导权方面竞争日益激烈。全球金融协调机制难以满足国际金融治理需要，各国际金融组织的权利分配未能及时恰当地反映国际经济格局的重大变化。全球数字经济的发展并不平衡，各国在跨境数据流动、市场准入、隐私保护、知识产权保护等方面各有诉求，数字贸易规则有待进一步完善。新兴经济体和发展中国家群体性崛起，在全球治理中的参与度和话语权不断增强，我国提出并推动实施共建"一带一路"倡议，国际影响力持续提升，成为全球经济治理的重要参与者、引领者。

六是非传统安全和传统安全风险交织。由于气候变化、局部战争、自然灾害、社会动乱等导致全球粮食能源资源生产可持续增长面临较大不确定性，粮食能源资源约束增强。反恐困局与网络安全隐患突出，给推进共建"一带一路"带来不利影响。此次新冠肺炎疫情充分暴露全球公共卫生安全治理的缺陷和短板，全球缺乏完善的疫情监测预警网络和公共卫生应急管理合作机制，制约了各国合作应对疫情的速度和能力。

2. 从国内看，我国已转向高质量发展阶段，制度优势显著，经济长期向好，物质基础雄厚，市场空间广阔，发展韧性强劲，在产业配套、创新研发、基础设施和人力资源等方面的对外开放优势逐步形成，建设更高水平开放型经济新体制具备诸多有利条件。同时，我国区域开放布局不均衡、产业开放不平衡等问题仍然存在，需要通过深层次的改革破除体制机制障碍，实现改革和开放互促共进。

一是经济基本面长期向好决定外贸外资长期向好。我国经济总量稳居世界第二位，巨大的经济规模使我国成为推动世界经济发展的关键变量，为稳固外贸外资基本盘奠定了坚实基础。产业结构持续优化升级，为外贸外资增长拓展了新空间。需求结构继续深入调整，为扩大进口促进贸易平衡发展提供机遇，为外资企业在华深耕发展激活新动能。

二是对外开放传统优势有所弱化新优势正在形成。我国依靠改革开放以来低要素成本的粗放型、低效率增长模式已难以为继。传统优势不断弱化的同时，我国较为完备的产业体系、创新研发不断提升、基础设施网络日趋完善、多层次人才队伍持续壮大的优势更加凸显。

三是中国企业国际化经营能力整体上升。近年来,我国企业不断拓展海外布局和业务网络,国际化经营能力不断增强,对全球资源的整合能力和效率进一步提升,为建设更高水平开放型经济新体制激发更多内生动力。

四是对外开放不平衡不充分。我国沿海开放发展水平较高,内陆沿边总体开放水平不高,开放要素和资源也主要集中在区域中心城市。制造业开放程度较深,服务业开放相对滞后。我国的经贸合作伙伴主要是发达经济体,与发展中国家的经贸合作有待深化。贸易和投资自由化便利化在货物、资金、人员进出方面仍有差距。

五是高水平开放更加需要也更多助力深层次改革。欧美发达国家先后建立高标准自贸区,推行高水平国际经贸规则,要求我们通过深层次改革破除体制机制障碍,推动形成更加平衡的开放格局。通过更高水平开放,在贸易投资便利化、电子商务、竞争政策、知识产权保护、环境保护等方面与国际规则深入对接。

(三) 新形势下对外开放的整体布局

习近平总书记指出,中国对外开放是全方位、全领域的,正在加快推动形成全面开放新格局。塑造国际经济合作和竞争新优势,要更好统筹国内国际两个大局,推动更大范围、更宽领域、更深层次的全面开放。

一是实施更大范围开放。改革开放以来,我国根据不同区域经济发展特点实施差异化对外开放,区域开放走过了从沿海到沿江,再到内陆、沿边地区的渐进式开放历程。共建"一带一路"推动我国开放空间从沿海、沿江向内陆、沿边延伸,形成陆海内外联动、东西双向互济的开放新格局。各地区要加强共建"一带一路"同京津冀协同发展、长江经济带发展、粤港澳大湾区建设等国家战略对接,促进西北地区、东北地区在更大范围、更高层次上开放,助推内陆沿边地区成为开放前沿。

资料链接

我国对外开放区域向纵深推进

1980 年	设立深圳、珠海、厦门、汕头经济特区
1984 年	开放天津、上海、大连、秦皇岛、烟台、青岛、连云港、南通、宁波、温州、福州、广州、湛江和北海14个沿海港口城市
1985 年	建立长江三角洲、珠江三角洲、闽南三角洲等沿海经济开放区
1988 年	设立海南经济特区;开放辽东、山东半岛
1990 年	开发开放上海浦东
1992 年	开放芜湖、重庆等长江沿江城市,哈尔滨、长春、呼和浩特等沿边省会城市,太原、合肥等内陆省会城市,珲春、绥芬河、黑河等沿边城市
2000 年	启动西部大开发
2012 年	设立宁夏内陆开放型经济试验区,以及广西东兴、云南瑞丽、内蒙古满洲里重点开发开放试验区
2013 年	启动上海自贸试验区
2014 年	设立内蒙古二连浩特重点开发开放试验区
2015 年	建立广东、天津、福建自贸试验区;设立云南勐腊(磨憨)重点开发开放试验区
2016 年	设立贵州内陆开放型经济试验区,以及黑龙江绥芬河—东宁、广西凭祥重点开发开放试验区
2017 年	建立辽宁、浙江、河南、湖北、重庆、四川、陕西自贸试验区
2018 年	建设海南自贸试验区(自由贸易港)
2019 年	增设上海自贸试验区临港新片区,建立山东、江苏、广西、河北、云南、黑龙江自贸试验区
2020 年	设立江西内陆开放型经济试验区;设立广西百色重点开发开放试验区;海南自由贸易港建设实质性启动

二是实施更宽领域开放。改革开放以来,我国循序渐进不断扩大开放领域,逐步降低关税水平,不断提高贸易投资便利化水平,基本实现

了制造业、金融业全面开放。党的十九届四中全会明确提出，实施更宽领域的全面开放，推动制造业、服务业、农业扩大开放，保护外资合法权益，促进内外资企业公平竞争，拓展对外贸易多元化，稳步推进人民币国际化。

> **资料链接**
>
> **我国对外开放行业领域不断扩大**
>
> 《我国外商投资产业指导目录》在2015年、2017年修订，外商投资限制性措施分别由180条缩减至93条、由93条缩减至63条，2017年，首次提出全国范围内实施的外商投资准入负面清单。2018~2020年，《外商投资准入特别管理措施（负面清单）》把外商投资限制性措施由63条缩减至33条。

三是实施更深层次开放。我国开放型经济规模不断扩大，商品和要素流动型开放取得长足进展，习近平总书记指出，要适应新形势、把握新特点，推动由商品和要素流动型开放向规则等制度型开放转变。在关键环节和重要领域加快改革步伐，要积极参与全球治理体系建设和改革，推动完善国际经贸规则，以国家治理体系和治理能力现代化为高水平开放、高质量发展提供制度保障。

二、建设更高水平开放型经济新体制

以开放促改革、促发展、促创新，是我国发展不断取得新成就的重要法宝。建设更高水平开放型经济新体制是对外开放的重大举措。党的十九届四中全会提出，建设更高水平开放型经济新体制，推动规则、规制、管理、标准等制度型开放。

（一）加快推进制度型开放

改革开放 40 多年来，我国商品和要素流动型开放取得显著成效，比较充分地释放了相关开放红利。随着国内外环境发生深刻变化，建设更高水平开放型经济新体制对开放的层次提出了更高要求。"十四五"时期，实施更深层次的开放，要在有利于开放发展的制度建设上下功夫，要加快从商品、要素开放向制度型开放的转变。

> **资料链接**
>
> 为贯彻落实党的十八届三中全会关于构建开放型经济新体制的重大部署，经党中央、国务院批准，2016 年 5 月，商务部会同国家发展改革委，在济南市、南昌市、唐山市、漳州市、东莞市、防城港市、上海浦东新区、重庆两江新区、陕西西咸新区、大连金普新区、武汉城市圈、苏州工业园区等 12 个地区，开展为期两年的构建开放型经济新体制综合试点试验。两年间，相关部门和试点地区勇于开拓创新，在形成市场配置资源新机制、探索经济运行管理新模式、构建全方位开放新格局、培育国际合作竞争新优势等方面进行了形式多样的探索，试点工作取得了积极成效。
>
> 河北省唐山市作为试点地区之一，探索实施了京津产业搬迁来唐企业"落地签"政策。京津现有企业整体搬迁到唐山时，企业提交建设新址、经营场所证明材料，即可先行办理注册登记，按企业意愿可以保留原企业名称不变。

要全面提高对外开放水平，推进贸易和投资自由化便利化，持续深化商品和要素流动型开放，稳步拓展规则、规制、管理、标准等制度型开放。构建与国际通行规则相衔接的制度体系和监管模式。健全外商投资准入前国民待遇加负面清单管理制度，进一步缩减外资准入负面清单,落实准入后国民待遇,促进内外资企业公平竞争。建立健全跨境服务贸易负面清单管理制度,健全技术贸易促进体系。稳妥推进银行、证券、保险、基金、期货等金融领域开放,深化境内外资本市场互联互通,健全合格境外投资者制度。稳慎推进人民币国际化,坚持市场驱动和企业自主选择,营造以人民币自由使用为基础的新型互利合作关系。完善出入境、海关、外汇、税收等环节管理服务。

(二) 推动进出口协同发展

对外贸易是开放型经济的重要组成部分,对于促进国内国际双循环具有重要意义。"十三五"时期,我国进出口额年均增长3.3%,高于全球平均增速2.5个百分点,出口产品向价值链上游攀升,贸易新业态新模式加快发展,外贸对国民经济贡献愈加突出。同时,对外贸易发展也面临着全球需求持续减弱、我国低要素成本的传统竞争优势不断削弱、产业创新能力相对薄弱、参与国际规则制定能力有待提升、营商环境需进一步改善等问题。

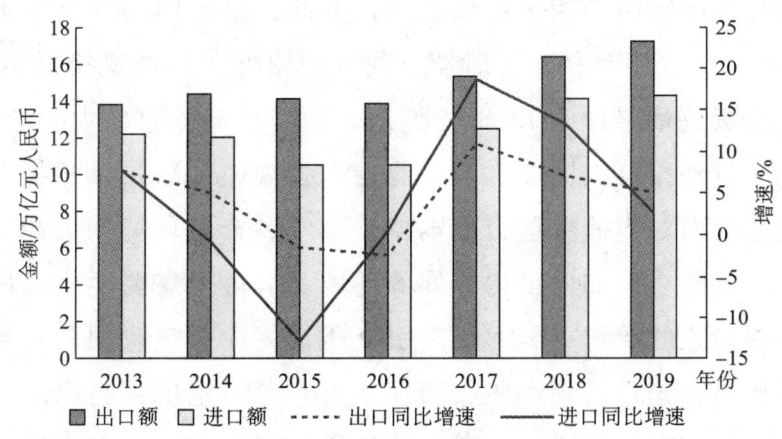

图 9-1 2013~2019 年我国货物贸易情况

习近平总书记指出,坚持出口和进口并重,推动对外贸易平衡发展。今后要进一步加快外贸发展方式转变,推动进出口协同发展。完善内外贸一体化调控体系,促进内外贸法律法规、监管体制、经营资质、质量标准、检验检疫、认证认可等相衔接，推进同线同标同质。降低进口关税和制度性成本，扩大优质消费品、先进技术、重要设备、能源资源等进口，促进进口来源多元化。完善出口政策，优化出口商品质量和结构，稳步提高出口附加值。优化国际市场布局，引导企业深耕传统出口市场、拓展新兴市场，扩大与周边国家贸易规模，稳定国际市场份额。推动加工贸易转型升级，深化外贸转型升级基地、海关特殊监管区域、贸易促进平台、国际营销服务网络建设，加快发展跨境电商、市场采购贸易等新模式，鼓励建设海外仓，保障外贸产业链供应链畅通运转。创新发展服务贸易，推进服务贸易创新发展试点开放平台建设，提升贸易数字化水平。实施贸易投资融合工程。办好中国国际进口博览会、中国进出口商品交易会、中国国际服务贸易交易会。

（三）提升国际化双向投资水平

双向开放是建设更高水平开放型经济新体制的重要内容。对外开放坚持引进来和走出去并重，是开放型经济发展到较高阶段的重要特征，也是更好统筹国际国内两个市场、两种资源，推动国内国际双循环相互促进的有效途径。"十三五"时期，我国利用外资总规模接近7000亿美元，境外投资流量累计7673.3亿美元，目前是全球第二大外资流入国，并且已稳居对外投资大国前列，企业走出去规模和数量稳步提升，结构持续优化。但面对当前劳动力成本持续攀升、资源环境约束趋紧、国际经济合作和竞争格局加速重构等外部环境，引进来需要适应我国加快转变经济发展方式的要求，着力提高引资质量，注重吸收国际投资承载的技术创新能力、先进管理经验、高素质人才等。走出去与高水平对外开放要求相比，还存在质量不够高、效益不够好、合规经营意识不够强等问题。

"十四五"时期，要坚持引进来和走出去并重，以高水平双向投资高效利用全球资源要素和市场空间，完善产业链供应链保障机制，推动产业竞争力提升。更大力度吸引和利用外资，有序推进电信、互联网、

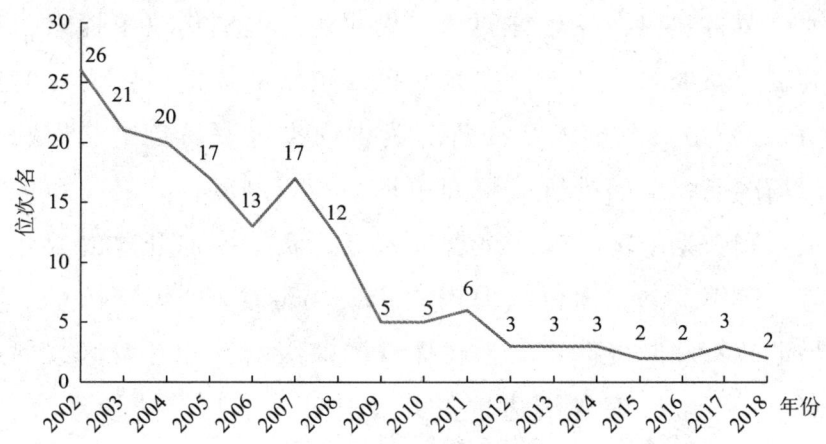

图 9-2　2002~2018 年我国对外直接投资流量在全球的位次

教育、文化、医疗等领域相关业务开放。全面优化外商投资服务，加强外商投资促进和保护，发挥重大外资项目示范效应，支持外资加大中高端制造、高新技术、传统制造转型升级、现代服务等领域和中西部地区投资，支持外资企业设立研发中心和参与承担国家科技计划项目。鼓励外资企业利润再投资。坚持企业主体，创新境外投资方式，优化境外投资结构和布局，提升境外投资风险防范能力和收益水平。完善境外生产服务网络和流通体系，加快金融、咨询、会计、法律等生产性服务业国际化发展，推动中国产品、服务、技术、品牌、标准走出去。支持企业融入全球产业链供应链，提高跨国经营能力和水平。引导企业加强合规管理，防范化解境外政治、经济、安全等各类风险。推进多双边投资合作机制建设，健全促进和保障境外投资政策和服务体系，推动境外投资立法。

（四）提升对外开放平台功能

目前，我国已形成了不同层次和定位的开放平台。各类开放平台是持续扩大对外开放的前沿阵地，是不断探索体制机制创新的试验田。要进一步发挥各类开放平台的示范引领作用。在已设立的 21 个自贸试验区基础上，统筹推进各类开放平台建设，完善自由贸易试验区布局，赋予其更大改革自主权,深化首创性、集成化、差别化改革探索,积极复制推广制度创新成果。稳步推进海南自由贸易港建设,以货物贸易"零关税"、服务贸易"既准入又准营"为方向推进贸易自由化便利化,大幅放宽市场准入,全面推行"极简审批"投资制度,开展跨境证券投融资改革试点和数据跨境传输安全管理试点,实施更加开放的人才、出入境、运输等政策,制定出台《海南自由贸易港法》,初步建立中国特色自由贸易港政策和制度体系。创新提升国家级新区和开发区,促进综合保税区高水平开放,完善沿边重点开发开放试验区、边境经济合作区、跨境经济合作区功能,支持宁夏、贵州、江西建设内陆开放型经济试验区。发挥好中国国际进口博览会、中国进出口商品交易会、中国国际服务贸易交易会等重要展会平台作用。

(五)优化区域开放布局

当前,我国区域发展不平衡不充分的问题还比较突出,东快西慢、沿海强内陆弱的局面还没有根本扭转,要引导沿海内陆沿边开放优势互补、协同发展。鼓励各地立足比较优势扩大开放,强化区域间开放联动,构建陆海内外联动、东西双向互济的开放格局。巩固东部沿海地区和超大特大城市开放先导地位,率先推动全方位高水平开放。加快中西部和东北地区开放步伐,支持承接国内外产业转移,培育全球重要加工制造基地和新增长极,研究在内陆地区增设国家一类口岸,助推内陆地区成为开放前沿。推动沿边开发开放高质量发展,加快边境贸易创新发展,更好发挥重点口岸和边境城市内外联通作用。支持广西建设面向东盟的开放合作高地、云南建设面向南亚东南亚和环印度洋地区开放的辐射中心。

(六)健全开放安全保障体系

"十四五"时期,要统筹发展和安全,构筑与更高水平开放相匹配的监管和风险防控体系。越开放越要重视安全,着力增强自身竞争能力、开放监管能力、风险防控能力。健全产业损害预警体系，丰富贸易调整援助、贸易救济等政策工具，妥善应对贸易摩擦。健全外商投资国家安全审查、反垄断审查和国家技术安全清单管理、不可靠实体清单等制度。建立重要资源和产品全球供应链风险预警系统，加强国际供应链保障合作。加强国际收支监测，保持国际收支基本平衡和外汇储备基本稳定。加强对外资产负债监测，建立健全全口径外债监管体系。完善境外投资分类分级监管体系。构建海外利益保护和风险预警防范体系。优化提升驻外外交机构基础设施保障能力，完善领事保护工作体制机制，维护海外中国公民、机构安全和正当权益。

三、推动共建"一带一路"高质量发展

"一带一路"建设是扩大开放的重大战略举措和经济外交的顶层设计。习近平总书记指出，共建"一带一路"正在成为我国参与全球开放合作、改善全球经济治理体系、促进全球共同发展繁荣、推动构建人类命运共同体的中国方案。

（一）"一带一路"建设扎实推进

2013年以来，共建"一带一路"倡议由理念转化为行动，由愿景转化为现实。在习近平总书记亲自部署、亲自指挥、亲自推动下，在世界各国和各有关方面共同努力下，共建"一带一路"取得重要进展和明显成效。

一是政策沟通。共建"一带一路"凝聚起广泛的国际共识，共建"一带一路"倡议载入国际组织重要文件，签署合作文件的国家和国际组织数量逐年增加，累计与138个国家和31个国际组织签署了203份共建"一带一路"合作文件，范围涵盖五大洲大多数国家以及联合国等各主要国际组织。在专业领域对接合作有序推进，发布《标准联通共建"一带一路"行动计划（2018~2020年）》，累计与50多个国家和国际

组织签署近 100 份标准化合作文件,建立和完善共建"一带一路"国家标准信息平台,实现 45 个共建"一带一路"国家、5 个国际和区域标准化组织的标准信息检索,积极参与国际标准制定,发布中国标准外文版 1000 余项。

> **资料链接**
>
> "一带一路"(The Belt and Road,缩写 B&R)是"丝绸之路经济带"和"21 世纪海上丝绸之路"的简称。2013 年秋,习近平主席在哈萨克斯坦那扎尔巴耶夫大学演讲时提出共同建设丝绸之路经济带,在印度尼西亚国会演讲时提出共建 21 世纪海上丝绸之路。
>
> 丝绸之路经济带圈定:新疆、重庆、陕西、甘肃、宁夏、青海、内蒙古、黑龙江、吉林、辽宁、广西、云南、西藏 13 省(自治区、直辖市)。
>
> 21 世纪海上丝绸之路圈定:上海、福建、广东、浙江、海南 5 省(直辖市)。
>
> 共计 18 个省(自治区、直辖市)。

二是设施联通。国际经济合作走廊和通道建设取得明显进展,新亚欧大陆桥、中蒙俄、中国—中亚—西亚、中国—中南半岛、中巴和孟中印缅等六大国际经济合作走廊将亚洲经济圈和欧洲经济圈联系在一起,为构建高效畅通的亚欧大市场发挥了重要作用。基础设施互联互通水平大幅提升,铁路、公路、港口、航空、能源设施、通信设施建设方面,取得重大进展。中老铁路、中泰铁路、匈塞铁路、雅万高铁等取得积极进展,中欧班列安全高效畅通运行;塞尔维亚 E763 高速公路、卡拉奇—拉合尔高速公路建成通车;比雷埃夫斯港、瓜达尔港、汉班托塔港等合作港口建设运营良好;中俄东线天然气管道等建设稳步推进;中缅、中巴、中吉、中俄跨境光缆信息通道建设取得明显进展。

资料链接

希腊比雷埃夫斯港项目和中老铁路项目

比雷埃夫斯港（以下简称比港）位于希腊阿提卡大区的比雷埃夫斯市，为希腊最大港口。2008年中远海运集团接手后，推动比港实现跨越式发展，全球排名从第93位跃升至第25位，成为地中海第一大港。2016年4月，中远海运集团和希腊共和国发展基金正式签署比雷埃夫斯港口管理局（比港管理局）股权的转让协议和股东协议，标志着中远海运集团收购比雷埃夫斯港（比港）67%股权项目取得了里程碑式的重要进展。2019年11月11日，习近平主席参观比港时指出，比雷埃夫斯港项目是中希双方优势互补、强强联合、互利共赢的成功范例。

中老铁路是中老两国共建"一带一路"的标志性项目，也是第一个以中方为主投资建设运营、与中国铁路网直接连通的境外铁路项目，全线采用中国技术标准和中国设备。项目由两国边境磨憨—磨丁口岸进入老挝后，向南到达老挝首都万象，全长414公里，时速160公里，中老双方按70∶30股比合资建设，于2015年12月3日奠基，2016年12月25日全线开工，计划2021年年底开通，未来还将与泰国铁路网连通。项目建成后，将助力老挝实现由"陆锁国"变"陆联国"的目标，带动老挝经济社会发展，惠及沿线广大民众，也将为中国西南地区经济发展注入新的动力。

三是贸易畅通。贸易与投资自由化便利化水平不断提升，"十三五"时期，我国与沿线国家货物贸易进出口总额接近6万亿美元，对沿线国家非金融类直接投资超770亿美元，在沿线国家承包工程新签合同额超6920亿美元，承包工程完成营业额近4400亿美元。中国国际进口博览会、中国进出口商品交易会、中国国际服务贸易交易会等国家级展会平台质量和影响力不断提升。面对新冠肺炎疫情冲击，我国与沿线国家贸易投资逆势增长，为促进世界经济恢复提供强大动力。贸易方式创新进程加快，丝路电商合作蓬勃兴起，截至2019年年底，我国与22个国家建立双边电子商务合作机制。

四是资金融通。多边金融合作支撑作用显现，与国际金融公司、泛美开发银行、非洲开发银行和欧洲开发银行等多边开发机构开展联合融资。金融机构合作水平不断提升，开发银行、进出口银行、中国信保等银行和保险机构为共建"一带一路"项目提供资金支持，多家中资银行与沿线国家建立了广泛的代理行关系。金融互联互通不断深化，截至2019年年底，已有11家中资银行在29个沿线国家设立80家一级机构，23个沿线国家的51家银行在华设立机构。人民币国际化稳慎推进，累计与20多个共建"一带一路"国家建立了双边本币互换安排，人民币跨境支付系统（CIPS）业务已覆盖70多个共建"一带一路"国家。

五是民心相通。同共建"一带一路"国家就文化交流、公共卫生、生态环保等加强交流，为各国人民带来更大获得感、幸福感、安全感。"一带一路"科技创新行动计划累计培训学员5000余人，扎实推进亚洲文化遗产保护行动，向亚、非、拉美和欧洲的50多个国家派出援外医疗队，积极与世界卫生组织及有关国家和地区保持密切沟通，向120多个共建"一带一路"国家和11个国际组织提供抗击新冠肺炎疫情紧急援助。

共建"一带一路"各领域取得丰硕成果，为世界经济增长开辟了新空间，为完善全球经济治理拓展了新实践，为增进各国民生福祉作出了新贡献，为构建人类命运共同体搭建了新平台，成为共同的机遇之路、繁荣之路。

（二）推动共建"一带一路"高质量发展的主要任务

立足新发展阶段，贯彻新发展理念，构建新发展格局，要坚持稳中求进工作总基调，以推动高质量发展为主题，以深化供给侧结构性改革为主线，保持战略定力，坚持共商共建共享原则，秉持绿色、开放、廉洁理念,深化务实合作,加强安全保障,促进共同发展,推动共建"一带一路"行稳致远。

一是加强发展战略和政策对接。一要推进战略、规划、机制对接,加强政策、规则、标准联通。加强与国际和区域发展议程对接,创新对接方式,有序推动与合作基础较好、合作意愿较强的国家围绕发展战略和合作规划加强有效对接,落实好已签署的共建"一带一路"合作文件。二要加强与各国和国际组织之间规则标准对接。继续深化融资、贸易、能源、数字信息、农业等领域标准化务实合作,加强海关、税收和监管等合作,推动通关一体化发展,促进共建"一带一路"倡议同区域和国际发展议程有效对接、协同增效。

二是推进基础设施互联互通。以"六廊六路多国多港"为基本框架,构建以新亚欧大陆桥等经济走廊为引领,以中欧班列、陆海新通道等大通道和信息高速路为骨架,以铁路、港口、管网等为依托的互联互通网络,打造国际陆海贸易新通道。一要全力推进国际经济合作走廊建设。以跨境互联互通关键项目为重点,大力推进陆上大通道建设。巩固提升中欧班列发展成效,加强中欧班列通道能力、枢纽节点、口岸扩能及海外仓建设,积极打造"数字班列"。二要扩大"丝路海运"品牌影响。深化与重要港口城市合作,不断完善海运物流网络,深化海洋环保、航道安全、海上搜救、防灾减灾等领域合作。三要建设"空中丝绸之路"。扩大空中快线和物流体系合作,稳步推进与共建"一带一路"国家签订双多边航空运输协定,探索推动更高水平航空开放。四要推进"一带一路"空间信息走廊建设。促进信息基础设施安全高效互通,合作推进跨境陆缆和海底光缆建设,统筹建设和利用我国空间信息资源,推进空间信息走廊建设与应用。

三是深化经贸投资务实合作。一要推动与共建"一带一路"国家贸易投资合作优化升级。深化丝路电商合作,推进跨境电商综合试验区建设,鼓励建设海外仓,办好中国国际进口博览会、中国进出口商品交易会、中国国际服务贸易交易会等活动。二要深化国际产能合作。积极与美欧日等发达市场投资机构共同拓展第三方市场，扩大双向贸易和投资，积极深化国际产业链供应链合作，增强产业链供应链弹性和韧性。三要积极做好风险防范和处置应对，完善"一带一路"风险防控和安全保障体系，强化法律服务保障，有效防范化解各类风险。

四是健全多元化投融资体系。一要坚持以企业为主体、市场为导向，遵循国际惯例和债务可持续原则，创新融资合作框架，鼓励多边开发机构与各国金融机构开展联合融资，推广股权投资、PPP项目融资等方式，动员长期资本及私人部门资本参与。二要发挥共建"一带一路"专项贷款、丝路基金、各类专项投资基金、政策性出口信用保险的作用，支持各类金融机构参与项目投融资。建立健全"一带一路"金融合作网络，推动金融基础设施互联互通，支持多边和各国金融机构共同参与投融资。三要稳慎推动人民币国际化，稳步推进与共建"一带一路"国家双边本币合作，加强跨境监管合作，鼓励金融机构在对外投融资中更多使用人民币。

五是开展广泛深入多元互动的人文交流。一要扩大文化交流。健全文化交流平台，打造文化交流品牌，深入开展教育、科学、文化、体育、旅游、考古等各领域人文合作，加强议会、政党、民间组织往来，推动公共外交和民间交流，讲好新时代"丝路故事"。二要推动健康、绿色、数字、创新丝绸之路建设。深化传染病疫情通报、疾病防控、医疗救援、传统医药等领域互利合作，积极参与全球公共卫生治理体系改革和建设。深化生态环保重点领域合作，助力共建"一带一路"国家提升环境治理能力。推进实施共建"一带一路"科技创新行动计划，加强数字经济、信息通信、新型基础设施等领域合作，探索建立数字合作伙伴关系。

四、积极参与全球治理体系改革和建设

"十三五"时期，我国开创性推进中国特色大国外交，倡导共商共

建共享的全球治理观，深度参与全球经济治理，积极参与和推动世贸组织改革进程、全球金融治理和国际金融规则制定，加大对外援助力度，展现大国担当，"人类命运共同体"理念深入人心，赢得了国际社会的广泛赞誉。

当前，世界正经历百年未有之大变局，全球经济格局发生深刻变化。随着经济全球化的深入发展，需要各国合作解决的全球性问题越来越多。我国将以建设者和引领者的姿态积极参与全球经济治理体系改革和建设，建立更加公平公正的国际经济新秩序，塑造国际经济合作和竞争新优势，提升在全球经济治理中的制度性话语权，构建以合作共赢为核心的国际关系，为全球经济繁荣发展作出中国贡献。

（一）维护和完善多边经济治理机制

维护多边贸易体制，坚决维护发展中成员地位。以更加积极的姿态参与世贸组织改革和多边贸易谈判进程，维护世贸组织在全球贸易投资中的主渠道地位，建立更加均衡、共赢、包容发展的多边贸易体制，减少和消除贸易投资壁垒。与广大发展中成员加强团结，推动形成更加公正、合理、透明的多边经贸规则体系，推动国际宏观经济政策沟通协调，建设性参与亚太经合组织、金砖国家等机制经济治理合作，提出更多中国倡议、中国方案。推动多边主义和国际关系民主化，维护多边协商体制的权威地位，推动进一步扩大新兴市场国家与发展中国家的参与比例。

（二）持续深化区域合作

促进G20更好发挥国际经济合作主要论坛的作用。推动金砖国家深化战略伙伴关系，在重大国际和地区问题上发出更响亮的"金砖声音"，拓展"三轮驱动"和"金砖+"合作。推进上合组织、大湄公河、中亚、大图们倡议等区域次区域合作不断深入。深化中俄新时代全面战略协作，为世界和平安全和全球战略稳定打造中俄支柱。增进中欧互信，汇集更多共识，拓展务实合作，引领中欧关系提质升级。推动美方对华政策回归理性，将中美关系置于健康稳定发展的战略框架。进一步践行"亲诚惠容"周边外交理念，推进与周边国家的命运共同体建设。继续秉持正确义利观和真实亲诚理念，加强同发展中国家团结合作，建设更加紧密的中非、中阿、中拉命运共同体。

（三）共同维护全球产业链供应链稳定畅通和金融市场稳定

克服新冠肺炎疫情等公共卫生危机对全球粮食生产、消费、贸易、市场、供应等环节带来的严重冲击，促进我国产业链供应链价值链更加完整、更具韧性、更有竞争力。加快完善产业链生态构建，同时发挥数字经济的引领作用，加强技术标准和产业合作，深化全球中高端制造业技术合作。继续积极参与全球经济金融治理，推动主要多边金融机构深化治理改革，推动国际货币基金组织和世界银行进一步完善份额和治理结构，建设性地参与国际金融监管标准制定，支持亚洲基础设施投资银行和新开发银行更好发挥作用，促进区域金融市场互联互通，维护区域金融稳定，依托双边对话机制加强与主要经济体的协调与合作。

（四）推动新兴领域经济治理规则制定

面对新一轮科技革命和产业变革深入发展给全球经济治理带来的新机遇和新挑战，积极参与新兴领域全球合作与规则制定，促进建立开放、安全的全球数字经济发展环境。加强数字货币治理合作，积极参与全球数字货币的合规、立法和监管规则制定。积极构建跨境电子商务标准框架，为制定全球数字规则提供参考。循序渐进增强我国在数字贸易规则领域的制度性话语权，构建有利于我国及世界经济增长的数字贸易生态环境。

（五）构建高标准自由贸易区网络

实施自由贸易区提升战略，构建面向全球的高标准自由贸易区网络。积极建设"一带一路"自贸区网络,实施好中国—东盟自贸区升级《议定书》,推动区域全面经济伙伴关系协定(RCEP)实施。推动与海合会、以色列、日韩等自贸区早日达成协议,推动商签更多高标准自由贸易协定和区域贸易协定。探索升级已有自贸协定,提升自由贸易区建设水平,不断提高货物贸易自由化便利化程度,进一步提高货物贸易零关税比例,放宽服务贸易和投资市场准入。推进高标准服务投资负面清单谈判,积极参与新议题的研究和谈判。积极推进中欧投资协定谈判进程,深化中欧发展战略对接、互联互通和务实合作,共同打造和平、增长、改革、创新、文明的伙伴关系。加强中美战略沟通和经贸对话。

> **资料链接**
>
> ### RCEP
>
> 《区域全面经济伙伴关系协定》(Regional Comprehensive Economic Partnership,RCEP)是 2012 年由东盟发起,历时 8 年,由包括中国、日本、韩国、澳大利亚、新西兰和东盟十国共 15 方成员制定的协定。
>
> 2020 年 11 月 15 日,第四次区域全面经济伙伴关系协定(RCEP)领导人会议以视频方式举行,会后东盟十国和中国、日本、韩国、澳大利亚、新西兰共 15 个亚太国家正式签署了《区域全面经济伙伴关系协定》,标志着当前世界上人口最多、经贸规模最大、最具发展潜力的自由贸易区正式启航。
>
> 2021 年 3 月 8 日,商务部部长王文涛在全国"两会"第二场"部长通道"上表示,中国政府已正式核定该协定。

(六) 积极营造良好外部环境

高举构建人类命运共同体旗帜,积极发展全球伙伴关系,推进大国协调和合作，深化同周边国家关系，加强同发展中国家团结合作。坚持多边主义和共商共建共享原则，在以联合国为核心的国际体系和以国际法为基础的国际秩序总体稳定的基础上，推动全球治理理念创新，促进国际经济秩序朝着平等公正、合作共赢的方向发展，共同应对全球性挑战。以人类命运共同体理念为指引，紧密围绕服务国家外交总体布局和共建"一带一路"，积极开展国际发展合作。深化对外援助体制机制改革，优化对外援助布局，加强与联合国和平与发展基金、南南合作援助基金等有关机构的合作，加大人道主义援助力度，为发展中国家提供更多人力资源、发展规划、经济政策、公共卫生等方面咨询和培训，践行新冠疫苗研发成功后作为全球公共产品的承诺，为发展中国家减贫、减债、减灾以及提高自主发展能力作出贡献。

10 统筹发展和安全
——强化国家经济安全保障

统筹发展和安全,既是重大理论问题,也是重要实践要求。习近平总书记强调,深刻理解统筹发展和安全的辩证关系,安全是发展的前提,发展是安全的保障。我们要认识到,只顾发展罔顾安全,发展行之不远;只顾安全忽视发展,最终两者都会丧失。我们坚持贯彻总体国家安全观,其中,经济安全是国家安全的基础,是国家安全体系的重要组成部分。当前,虽然我国经济安全形势总体稳定,但依然面临一些新情况新挑战,要强化经济安全保障,筑牢国家安全屏障。

一、总体国家安全观与经济安全

习近平总书记强调,坚持中国特色国家安全道路,贯彻总体国家安全观,坚持政治安全、人民安全、国家利益至上有机统一,以人民安全为宗旨,以政治安全为根本,以经济安全为基础,捍卫国家主权和领土完整,防范化解重大安全风险,为实现中华民族伟大复兴提供坚强安全保障。

(一) 坚持总体国家安全观

坚持总体国家安全观是新时代坚持和发展中国特色社会主义基本方略之一，是习近平新时代中国特色社会主义思想的重要组成部分，是做好新时代国家安全工作的根本遵循。

国家安全工作是党治国理政一项十分重要的工作。党的十八大以来，在推动国家安全工作理论创新、制度创新、实践创新过程中，习近平总书记创造性地提出总体国家安全观。2014年4月15日，习近平总书记在中央国家安全委员会第一次会议上首次正式提出"总体国家安全观"。习近平总书记在提出总体国家安全观时，提出"既重视传统安全，又重视非传统安全，构建集政治安全、国土安全、军事安全、经济安全、文化安全、社会安全、科技安全、信息安全、生态安全、资源安全、核安全等于一体的国家安全体系"。面对严峻复杂的国际形势和艰巨繁重的国内改革发展任务，特别是新冠肺炎疫情严重冲击等风险挑战，我们打赢了一场又一场硬仗，创造了我国经济快速发展、社会长期稳定"两大奇迹"，充分证明了总体国家安全观的真理力量。

资料链接

贯彻总体国家安全观"十个坚持"

2020年12月11日，习近平总书记在中央政治局第二十六次集体学习时，对总体国家安全观作出全面系统论述，提出了"十个坚持"的要求。"十个坚持"是对我国国家安全工作实践的系统总结，既是重大战略思想，又是重大战略部署，为做好新发展阶段国家安全工作提供了行动指南和根本遵循。

1. 坚持党对国家安全工作的绝对领导

坚持党中央对国家安全工作的集中统一领导，加强统筹协调，把党的领导贯穿到国家安全工作各方面全过程，推动各级党委（党组）把国家安全责任制落到实处。

2. 坚持中国特色国家安全道路

贯彻总体国家安全观，坚持政治安全、人民安全、国家利益至上有机统一，以人民安全为宗旨，以政治安全为根本，以经济安全为基础，捍卫国家主权和领土完整，防范化解重大安全风险，为实现中华民族复兴提供坚强安全保障。

3. 坚持以人民安全为宗旨

国家安全一切为了人民、一切依靠人民，充分发挥广大人民群众积极性、主动性、创造性，切实维护广大人民群众安全权益，始终把人民作为国家安全的基础性力量，汇聚起维护国家安全的强大力量。

4. 坚持统筹发展和安全

坚持发展和安全并重，实现高质量发展和高水平安全的良性互动，既通过发展提升国家安全实力，又深入推进国家安全思路、体制、手段、创新，营造有利于经济社会发展的安全环境，在发展中更多考虑安全因素，努力实现发展和安全的动态平衡，全面提高国家安全工作能力和水平。

5. 坚持把政治安全放在首要位置

维护政权安全和制度安全，更加积极主动做好各方面工作。

6. 坚持统筹推进各领域安全

统筹应对传统安全和非传统安全，发展国家安全工作协调机制作用，用好国家安全政策工具箱。

7. 坚持把防范化解国家安全风险摆在突出位置

提高风险预见、预判能力，力争把可能带来重大风险的隐患发现和处置于萌芽状态。

8. 坚持推进国际共同安全

高举合作、创新、法治、共赢的旗帜，推动树立共同、综合、合作、可持续的全球安全观，加强国际安全合作，完善全球安全治理体系，共同构建普遍安全的人类命运共同体。

9. 坚持推进国家安全体系和能力现代化

坚持以改革创新为动力，加强法治思维，构建系统完备、科学规范、运行有效的国家安全制度体系，提高运用科学技术维护国家安全的能力，不断塑造国家安全态势的能力。

10. 坚持加强国家安全干部队伍建设

加强国家安全战线党的建设，坚持以政治建设为统领，打造坚不可摧的国家安全干部队伍。

立足新发展阶段，做好新时代国家安全工作，要坚持总体国家安全观，抓住和用好我国发展的重要战略机遇期，把国家安全贯穿到党和国家工作各方面全过程，同经济社会发展一起谋划、一起部署，坚持系统思维，构建大安全格局，促进国际安全和世界和平，为建设社会主义现代化国家提供坚强保障。

（二）经济安全是国家安全的基础

国家经济安全是在国家保持经济稳定运行和发展不受恶意侵害和非不可抗力损害的状态和能力。经济领域的安全主要包括粮食安全、能源安全、金融安全、矿产资源安全等。

经济安全是国家安全的基础。党的十九届五中全会指出，坚持政治安全、人民安全、国家利益至上有机统一，以人民安全为宗旨，以政治安全为根本，以经济安全为基础，以军事、科技、文化、社会安全为保障，不断增强国家安全能力。《中华人民共和国国家安全法》中也指出，"国家安全工作应当坚持总体国家安全观，以经济安全为基础"。

经济安全属于非传统安全。1997年亚洲金融危机爆发之后，国家经济安全开始成为热点问题。各国政府高度重视经济安全，随着国际国内环境发生深刻变化，党和政府在重视传统安全问题的同时，逐渐把各种非传统安全问题提到了重要议事日程。1997年，党的十五大报告首次提出"维护国家经济安全"。2002年，党的十六大报告作出"传统安全威胁和非传统安全威胁的因素相互交织"的判断。2004年，《中共中央关于加强党的执政能力建设的决定》强调"针对传统安全威胁和非传统安全威胁的因素相互交织的新情况，增强国家安全意识，完善国家安全战略，抓紧构建维护国家安全的科学、协调、高效的工作机制，有效防范和应对来自国际经济领域的各种风险，确保国家的政治安全、经济安全、文化安全和信息安全"。2014年习近平总书记提出总体国家安全观时，要求"既重视传统安全，又重视非传统安全"，并提出了构建包括经济安全在内的11项安全于一体的国家安全体系。党的十九届五中全会审议通过的《中共中央关于制定国民经济和社会发展第十四个五年规划和二〇三五年远景目标的建议》，首次明确强调要"统筹传统安全和非传统安全"。

资料链接

传统安全与非传统安全

传统安全是指与战争、军事、强力政治密切相关的安全领域；非传统安全是指冷战后期，特别是冷战结束后出现的新型安全领域。目前学界一般认为，国家安全主要包含16个领域，其中，传统安全包括政治安全、国土安全、军事安全等领域，非传统安全包括经济安全、文化安全、社会安全、科技安全、网络安全、生态安全、资源安全、核安全、海外利益安全以及太空安全、深海安全、极地安全和生物安全等新型安全领域。

> **资料链接**
>
> **各国政府高度重视经济安全**
>
> 日本政府在1980年首次将"经济安全"概念纳入《国家综合安全报告》；俄罗斯在1996年发布的《安全构想和经济安全战略》中指出，"经济安全是国家安全体系的重要组成部分，保障国家安全应把保障经济安全放在第一位"；美国在1993年的外交文件中，正式使用"经济安全"一词，2008年审计署的外资审查机制报告中，把"经济安全"作为国家安全一部分，特朗普政府在2017年《国家安全战略报告》中明确提出："经济安全就是国家安全。"

二、"十三五"时期我国经济安全形势总体稳定

"十三五"时期，我国经济运行总体平稳，经济结构持续优化，国内生产总值突破100万亿元。我国经济安全相关政策体系日趋完善，经济安全工作协调机制逐步健全，经济社会平稳健康发展，产业发展综合实力稳步提升，粮食年产量连续稳定在1.3万亿斤以上，能源资源保障水平不断提升，金融风险处置取得重要阶段性成果，抵御内外部各种冲击与威胁的能力明显增强，为维护国家发展和安全提供了坚实支撑。

（一）产业基础能力和产业链水平不断提升

产业链供应链稳定是大国经济循环畅通的关键，产业链的韧性和抗风险能力，是维护国家经济安全的重要基础。从世界产业发展趋势看，新一轮科技革命和产业变革方兴未艾，传统制造模式和企业形态加速变革，全球制造业的产业形态结构、组织方式、发展生态、竞争条件正在加快重塑。随着我国新型工业化、信息化、城镇化、农业现代化深入推

进，需求结构不断升级、消费潜力持续释放，推动产业高质量发展前景广阔。经过长期努力，我国已形成比较完整的产业体系，成为全球唯一拥有联合国产业分类目录中全部工业门类的国家，在抗击新冠肺炎疫情的大战大考中，凭借我国完备产业体系和产业转换能力的优势，迅速构筑起强大的医疗防护物资和应急物资生产供应体系。制造业规模居世界首位，钢铁、汽车等220多种工业产品产量居世界第一，工业机器人、新能源汽车、集成电路等新兴产品保持快速增长。农林牧渔业全面发展，主要农产品产量居世界前列。服务业快速发展，新技术、新产业、新业态层出不穷。综合交通运输体系迅速发展，高速铁路和高速公路里程以及港口吞吐量均居全球首位。

资料链接

我国重大科技基础设施"创新利器"作用进一步发挥

我国已布局建设57个重大科技基础设施，中国"天眼"、全超导托卡马克、散列中子源等一批设施处于国际先进水平。初步建成北京、上海、粤港澳大湾区3个国际科技创新中心和怀柔、张江、大湾区、合肥4个综合性国家科学中心的创新空间布局，在空间科学、物质科学、能源科学、光子与微纳电子等重大科技基础设施建设上取得显著成绩。

（二）粮食安全持续巩固

粮食安全的主动权必须牢牢掌控在自己手中。党中央高度重视"三农"工作，不断加大强农重农惠农力度，农业农村优先发展政策落实落地，粮食综合生产能力进一步提升。"十三五"以来，我国粮食连年丰产，产量稳定超过6.5亿吨，粮食播种面积由2015年的17亿亩上升至

2020年的17.5亿亩，单位面积产量由2015年的365.5公斤/亩上升至2020年的382公斤/亩，增长4.5%，谷物自给率超过95%，口粮自给率达到100%，人均粮食占有量超出世界平均水平30%以上，中国人的饭碗牢牢端在了自己手上。粮食储备和应急体系逐步健全，政府粮食储备数量充足，质量良好，储存安全，在北京、天津、上海、重庆等36个大中城市和价格易波动地区建立了10~15天的应急成品粮储备。粮食流通体系持续完善，粮食物流骨干通道全部打通，公路、铁路、水路多式联运格局基本形成。

（三）能源资源安全得到有效保障

能源安全是关系经济社会发展的全局性、战略性问题。我国是世界上最大的能源生产国和消费国，基本形成了煤、油、气、电、核和可再生能源多轮驱动的能源生产体系，2020年原煤、原油、天然气产量分别为38.4亿吨、1.9亿吨、1888.5亿立方米，发电量达到7.4万亿千瓦时，是世界上能源自主保障程度较高的国家之一。能源输送能力显著提高，建成天然气主干管道超过8.7万公里、石油主干管道5.5万公里、330千伏及以上输电线路30.2万公里。能源储备体系不断健全，综合应急保障能力显著增强。矿产资源开发利用水平不断提高，产品产量居世界前列。

（四）金融体系抗风险能力显著增强

金融是经济的血脉，是现代市场经济运转的基石，金融安全是国家安全的重要组成部分，是经济平稳健康发展的重要基础。"十三五"以来，我国金融事业快速发展，货币政策和宏观审慎政策双支柱调控框架建立健全，宏观审慎管理与微观审慎监管、行为监管相结合的金融监管体系建设持续推进。防范化解重大金融风险攻坚战取得重要阶段性成果，宏观杠杆率过快上升势头得到遏制，影子银行无序发展得到有效治理，重点高风险金融集团得到有序处置，高风险中小金融机构处置取得阶段性成果，互联网金融和非法集资等涉众金融风险得到全面治理，经受住了国内外各种挑战特别是新冠肺炎疫情冲击带来的考验，金融风险总体可控。

> **资料链接**
>
> **"十三五"时期，我国防范化解重大金融风险攻坚战取得重要阶段性成果**
>
> 2019年我国宏观杠杆率为254.5%，两年内累计上升2.8个百分点，远低于2008～2016年年均10.6%的涨幅。影子银行规模较历史峰值压降20万亿元，2017～2019年银行系统共处置不良贷款5.8万亿元，"明天系"等高风险金融集团和包商银行等部分高风险中小银行风险得到化解。

三、新发展阶段我国经济安全面临新情况新挑战

"安而不忘危，存而不忘亡，治而不忘乱"。尽管当前我国经济安全形势总体稳定，但当今世界，世纪疫情和百年变局交织叠加，国内发展不平衡不充分问题依然突出，形势复杂严峻，维护国家经济安全责任重大，我们要正视经济安全面临的新情况新挑战。

（一）经济安全风险呈现复杂、持久、多样的特点

经济安全领域的利益关系十分错综复杂。从国内看，各利益群体、各阶层、各行业对经济安全风险的判断往往不尽相同，甚至不易达成共识。从国际看，经济利益往往既是各国保持联系、达成妥协的纽带，又是引起国家间冲突和对抗的因素。在经济全球化大背景下，经济安全风险贯穿国家间经济交往的全过程，只要有经济交往，就会产生经济安全

风险，经济交往越深入，经济安全风险就可能越明显。随着经济全球化深入发展，各国间经济交往活动范围不断拓展、数量不断增多，由此产生的经济安全风险及其解决方式也更加多样化。近年来，经济全球化遭遇逆流，贸易保护主义抬头，发达国家市场萎缩，美国把我国视为战略竞争对手，全方位打压遏制围堵。突如其来的新冠肺炎疫情导致世界经济严重衰退，疫情存在长期化可能，将对我国经济产生长远深刻影响。

> **专家观点**
>
> ### 国际交往中应树立正确的经济安全观
>
> 国务院发展研究中心产业经济研究部副部长、研究员石耀东认为，正确的经济安全观包括：
>
> 1. 安全是相对和相互的，没有绝对的安全。
> 2. 在经济冲击甚至经济危机来临时，相互依存相互取暖才是最佳和最安全的战略选择。
> 3. 从全球供应链的角度来看，基于资源禀赋和比较优势的国际产业链分工与贸易投资合作依然是抵御外部风险、安全涉险避难的最有效的战略选择。
> 4. 一个设计良好、良性运维的国际经济规则是抵御共同经济风险的机制。
>
> 中国在国际交往中展现出博大精深的哲学传承和文化基因的全部精华，一个以构建人类命运共同体为目标、有着五千年悠久文明史、屹立于世界民族之林的中华民族，是未来重建全球经贸规则中积极的、建设性的、负责任的角色。

（二）国家经济安全仍然存在不少薄弱环节

当前和今后一个时期，我国经济安全在重要产业基础能力、粮食、能源、金融等重要领域存在不少薄弱环节，维护国家经济安全责任重大。

一是产业基础能力和产业链水平存在诸多短板。世界正经历百年未有之大变局，我国经济社会发展的外部环境正在发生复杂深刻变化。特别是全球产业链、供应链布局在一些区域、一些国家出现了本土化、多元化、区域化的趋势性变化，发达国家实施"再工业化"战略，大力吸引制造业特别是先进制造业回流。国际产业格局加快调整，发达国家对我国产业链压制升级，产业链供应链稳定运行面临的困难明显增多，一些国家人为阻碍产业链稳定运行，部分领域还存在"断供"和"断链"的风险，产业安全面临挑战。发展中国家大力发展制造业，努力向价值链中高端延伸。我国产业链面临向劳动力等成本比较低的地方转移的现实挑战。同高质量发展要求相比，我国产业基础不牢、地基不稳问题仍然突出，关键核心技术受制于人，核心基础零部件、先进基础工艺、关键基础材料、产业技术基础等方面对外依存度高，许多产业面临"缺芯""少核""弱基"的窘境。农业发展质量效益竞争力不高，专业化、差异化、高端化生产性服务业和精细化、品质化、便利化生活性服务业发展仍较滞后。

二是粮食安全不能丝毫放松。粮食安全受新冠疫情全球蔓延、蝗虫灾害、极端天气和国际经济贸易冲突等影响，国际粮食市场出现较大波动。同时，俄罗斯、印度等多个国家限制甚至停止粮食出口，全球粮食供应链受到较大冲击。国内粮食消费总量刚性增长，粮食产需仍将维持紧平衡状态，粮食结构性供过于求和供给不足并存，质量安全风险依然存在。我国粮食生产大而不强、多而不优，基础还不稳固，国际竞争力不强，抵抗自然和市场风险能力较差。我国粮食生产规模化程度低，小农户数量占农业经营主体的98%以上，粮农户均规模仅7亩。我国人均耕地面积仅为世界平均水平的1/3，部分地区存在耕地"非农化"耕地"非粮化"现象，大量土地用于支持城镇化和工业化，南方土壤酸化、北方土壤盐碱化、东北黑土地退化问题仍较突出。大量农业人口进城务工，撂荒面积逐年增加，农业劳动力人口萎缩。农业基础设施相对薄弱，抗灾减灾能力有待提升。我国种业起步较晚，种质资源保护和利用仍然不足，种子产业的整体竞争力不强，很多种子大量依赖进口。我国特定作物受贸易摩擦影响风险大，例如大豆对外依存度达 86%，其中，从美国、巴西进口的大豆占进口总量的 84%。

> **专家观点**
>
> 国家开发银行研究院副研究员田惠敏博士在《中国经济安全展望报告 2021：疫情冲击下的中国经济安全形势》发布会暨学术研讨会上指出，新冠肺炎疫情暴发对我国粮食安全的冲击是有限的。当前我国粮食安全保障的短板主要是进口粮食对国际市场依赖性依然很强、农业资源紧张约束我国粮食生产能力、粮食应急保障能力不足以及粮食安全危机意识不强，浪费及损耗数量巨大。

三是能源资源安全面临不少挑战。我国是制造业第一大国，也是全球最大的矿产品消费国和进口国，目前仍处于工业化中后期和城镇化快速发展期，未来一段时间对优质资源的需求仍将高位攀升。与此同时，石油、天然气、铁矿石、铜等重要大宗矿产以及多种战略新兴产业所必需的稀有金属对外依存度居高不下，锰、铬、铝土矿、铂族金属、钾盐等传统短缺矿产，国内产量增长有限，只能长期依靠进口，稀土等优势矿产受环境保护政策影响，也需从国外进口以满足产业发展。不少矿产进口来源高度集中，稳定供应容易受到各种外部因素冲击影响。矿产资源开发利用关键装备和技术较为落后。铅、锌和锡等传统优势矿产，长期过度开发，资源消耗速度过快，综合效益没有得到充分发挥。二次资源利用还存在不少问题，资源浪费现象仍然普遍存在。我国矿产资源供需形势不容乐观。

四是金融领域风险点多面广。一些国家应对新冠肺炎疫情全球蔓延，采取超常规货币政策，可能对我国金融安全形成外部冲击。金融体系一些长期形成的隐患并未有效消除，疫情下新老问题相互交织叠加，结构复杂的高风险影子银行容易死灰复燃，银行业不良资产反弹压力骤增，一些中小金融机构资本缺口加速暴露。不法金融机构依然存在，非法金融活动屡禁不止。金融机构常态化风险处置机制尚待完善，非正规金融体系交易活动缺乏有效约束。社会信用体系不健全，失信惩戒不到位，市场透明度需进一步提高。同时，要高度警惕平台企业垄断和资本无序扩张给社会主义市场经济体系带来的冲击。

（三）我国经济安全风险预警、防控机制尚不健全

改革开放前，我国在相对封闭的条件下发展经济，受外部环境影响并不明显，到改革开放后，我国发展又长期面临相对有利的外部环境，经济安全风险并不突出，在这种情况下，对经济安全风险的预警、防控机制建设就相对滞后。直到近年来，我国经济遭遇逆全球化和美西方的持续打压遏制围堵，经济安全风险的预警、防控机制建设短板越来越凸显，亟待补齐在前沿理论研究、总体战略谋划、各领域风险监测预警、突发危机管控、法律制度保障等方面的突出短板。比如，2015年颁行的《中华人民共和国国家安全法》规定："国家建立国家安全审查和监管的制度和机制，对影响或者可能影响国家安全的外商投资、特定物项和关键技术、网络信息技术产品和服务、涉及国家安全事项的建设项目，以及其他重大事项和活动，进行国家安全审查，有效预防和化解国家安全风险。"目前，我国已经建立了外商投资安全审查、网络安全审查、特定物项和关键技术出口管制的具体制度。对"涉及国家安全事项的建设项目"和"其他重大事项和活动"的安全审查，也需要完善相关法律法规，建立健全具体的制度安排。

> **资料链接**
>
> **我国涉及经济安全的法律法规**
>
> 国家经济安全问题从本质上讲是个制度问题，有效可行的制度是维护国家经济安全最重要的根本性保障。目前，我国已经制定了一些涉及经济安全的法律法规。如《中华人民共和国安全法》《中华人民共和国外商投资法》《中华人民共和国反垄断法》《关于外国投资者并购境内企业的规定》《中华人民共和国对外贸易法》《外商投资安全审查办法》《中华人民共和国技术进出口管理条例》《货物出口许可证管理办法》《不可靠实体清单规定》《中国禁止出口限制出口技术目录》，等等。

四、"十四五"时期强化国家经济安全保障的主要举措

经济安全是国家总体安全的基础。"十四五"时期，实现重要产业、基础设施、战略资源、重大科技等关键领域安全可控，着力提升粮食、能源、金融等领域安全发展能力，要强化经济安全风险预警、防控机制和能力建设。

（一）着力提升产业基础能力和产业链水平

坚持问题导向，聚焦关系我国制造强国建设全局的核心领域和关键问题，加快关键核心技术攻关，实现产业基础高级化，加强产业基础能力的协同创新，着力培养"专、精、特、新"隐形冠军企业，整合重构一批共性技术平台，强化精准政策支持等。加快推进农业现代化，提高农业发展质量效益和竞争力，提升生产性服务业和生活性服务业发展质量。持续增强产业链供应链韧性，维护产业链供应链安全。发挥法治固

根本、稳预期、利长远功能，实施产业竞争力调查和评价工程，促进产业链与供应链、创新链、资金链、政策链深度融合。统筹推进补齐短板和锻造长板，在重点产业领域加快形成完整有韧性的产业链供应链，保持制造业比重基本稳定。聚焦电子信息、计算机、生物、航空航天、新能源、新材料等产业领域基础薄弱环节，加快补齐基础零部件、基础材料、基础工业、基础技术等短板弱项，针对产业链重点领域和关键环节，主要依托企业构建关键零部件、材料、设备等备份生产、应急储备、调运配送等体系。

（二）确保重要行业和关键领域安全

1. 实施粮食安全战略，着力维护粮食安全。习近平总书记强调，要牢牢把握粮食安全主动权，粮食安全的弦要始终绷得很紧很紧，粮食生产必须年年抓紧。充分表明粮食安全在统筹发展与安全战略全局和大局中极端重要地位。地方各级党委和政府要切实扛起粮食安全政治责任，实行粮食安全党政同责，深入实施重要农产品保障战略，完善粮食安全省长责任制和"菜篮子"市长负责制，确保粮、棉、油、糖、肉等供给安全。

实施藏粮于地战略。坚决守住 18 亿亩耕地红线。统筹布局生态、农业、城镇等功能空间，严格实行土地用途管制。采取"长牙齿"的措施，落实最严格的耕地保护制度，实施国家黑土地保护工程，坚决遏制耕地"非农化"、防止"非粮化"，明确耕地利用优先序，明确耕地和永久基本农田不同的管制目标和管制强度。实施新一轮高标准农田建设规划。提高建设标准和质量，中央和地方共同加大粮食主产区高标准农田建设投入，加强和改进建设占用耕地占补平衡管理，健全耕地数量和质量监测监管机制，加强耕地保护督察和执法监督。

实施藏粮于技战略。打好种业翻身仗，农业现代化，种子是基础。开展种源"卡脖子"技术攻关，提高良种自主可控能力。加强农业种质资源保护开发利用，加强国家作物、畜禽和海洋渔业生物种质资源库建设，对育种基础性研究以及重点育种项目给予长期稳定支持，加强育种领域知识产权保护，支持种业龙头企业建立健全商业化育种体系。强化现代农业科技和物质装备支撑。坚持农业科技自立自强，实施大中型灌区续建配套和现代化改造，完善农业科技领域基础研究稳定支持机制，深入开展乡村振兴科技支撑行动，加强农业科技社会化服务体系建设，提高农机装备自主研制能力，加大购置补贴力度，强化动物防疫和农作物病虫害防治体系建设。

实施分品种保障策略。完善粮食产购储加销体系，深化农产品收储制度改革，加快培育多元市场购销主体，改革完善中央储备粮管理体制，提高粮食储备调控能力。有效降低粮食生产、储存、运输、加工环节损耗，厉行勤俭节约，反对餐饮浪费。积极开展重要农产品国际合作，健全农产品进口管理机制，推动进口来源多元化，培育国际大粮商和农业企业集团，加强国际粮食贸易投资合作。制定粮食安全保障法。

2. 实施能源资源安全战略，加强能源资源安全保障。坚持立足国内、补齐短板、多元保障、强化储备，完善产供储销体系，增强能源持续稳定供应和风险管控能力，实现煤炭供应安全兜底、油气核心需求依靠自保、电力供应稳定可靠。推进能源革命，持续加大国内石油、天然气勘探开发投入，稳妥推进煤制油气技术升级示范，夯实国内油气产量基础，有效保障核心需求。优化油气管网布局，有序发展风电和光伏发电，积极稳妥发展水电，安全发展先进核电，提升清洁能源消纳和存储能力。持续优化煤炭产能结构和布局，全面推动煤电清洁高效发展，加强煤炭储备能力建设，巩固煤炭兜底保障作用。做好煤制油气战略基地规划布局和管控，扩大油气储备规模，健全政府储备和企业社会责任储备有机结合、互为补充的油气储备体系。完善能源风险应急管控体系，加强重点城市和用户电力供应保障，强化重要能源设施、能源网络安全防护。深化能源资源国际合作，完善多元进口格局，多元拓展油气进口来源，持续拓展海外供应，维护战略通道和关键节点安全。加强战略性矿产资源规划管控，推进矿产资源节约高效开发利用，加强资源地质勘探，提高矿山资源综合利用水平，实施新一轮找矿突破战略行动。

3. 实施金融安全战略，确保不发生系统性金融风险。健全金融风险预防、预警、处置、问责制度体系，持续完善权责一致、全面覆盖、统筹协调、有力有效的现代金融监管体系，落实监管责任和属地责任，对违法违规行为零容忍，守住不发生系统性风险的底线。完善宏观审慎管理体系，保持宏观杠杆率以稳为主、稳中有降，坚持实施稳健的货币政策，保持流动性合理充裕，稳定宏观杠杆率，保持货币、股票、债券、外汇和房地产市场稳定。加强系统重要性金融机构和金融控股公司监管，强化不良资产认定和处置，防范化解影子银行风险，有序处置高风险金融机构，规范资本市场秩序，严厉打击非法金融活动，健全互联网金融监管长效机制。完善债务风险识别、评估预警和有效防控机制，健全债券市场违约处置机制，推动债券市场统一执法，稳妥化解地方政府隐性债务，严惩逃废债行为。完善跨境资本流动管理框架，加强监管合作，提高开放条件下风险防控和应对能力。坚持人民币汇率在合理均衡水平上的基本稳定，有序推进人民币国际化。加强人民币跨境支付系统建设，推进金融业信息化核心技术安全可控。加快金融市场基础设施建设，做好金融综合统计工作，发挥信用惩戒机制作用。在支持金融创新的同时，严防垄断、严守底线，维护市场秩序，促进公平竞争。

（三）强化经济安全风险预警、防控机制和能力建设

对高度复杂、持久、多样的经济安全风险，确有必要认真评估、提前预警，安全预警机制的目的是通过识别潜在的风险因素，构建完善的指标体系，建立经济安全预警模型，并进行有效安全风险分级评估，及时向相关部门发出经济安全风险预警，以确保动态化、常态化经济安全。补齐在风险监测预警、突发危机管控、法律制度保障等方面的突出短板，切实完善机制、强化能力。

在对外开放中，主动应对外部环境发生深刻变化带来的国家经济安全挑战，正确处理好发展、开放与安全的关系。树立科学的国家安全理

念，制定行之有效的国家总体经济安全战略，建立和完善国家经济安全体系，织密织牢经济安全网。主动适应我国深入参与全球治理、海外利益不断拓展的新形势，构建彰显影响力、突出行动力、具有塑造力的海外安全保护体系。在共同风险和共同危机面前，坚持共商、共建、共治、共享的国际经济安全观，不用以邻为壑的思想和损人利己的行为寻求自己在经济领域的绝对安全，并以此携手各国共建新的国际经贸规则，相互尊重相互支撑，追求共同经济安全，积极构建人类命运共同体。

11 碳达峰、碳中和
——加快发展方式绿色转型

党的十八大以来，以习近平同志为核心的党中央把生态文明建设作为统筹推进"五位一体"总体布局和协调推进"四个全面"战略布局的重要内容，提出了一系列新理念新思想新战略，开展了一系列根本性、开创性、长远性工作，坚持"绿水青山就是金山银山"的发展理念，坚定不移走生态优先、绿色发展的高质量发展新路。2021年3月15日，习近平总书记主持召开中央财经委员会第九次会议。会议明确了碳达峰、碳中和工作在国家经济社会中的定位，把碳达峰、碳中和纳入生态文明建设整体布局。并强调，我国力争2030年前实现碳达峰，2060年前实现碳中和。这为实现碳达峰、碳中和目标，加快发展方式绿色转型提供了思想指引和根本遵循。

一、深入理解做好碳达峰、碳中和工作的重要意义

《中华人民共和国国民经济和社会发展第十四个五年规划和二〇三

五年远景目标纲要》提出,要加快发展方式绿色转型,坚持生态优先、绿色发展,推进资源总量管理、科学配置、全面节约、循环利用,协同推进经济高质量发展和生态环境高水平保护。实现碳达峰、碳中和目标,推动经济社会发展全面绿色转型,对于建设生态文明和美丽中国具有十分重要的意义和作用。

名词解释

碳达峰、碳中和

碳达峰、碳中和:碳达峰是指碳排放达到峰值后不再增长,进入平稳下降阶段。碳中和是指企业、团体或个人测算在一定时间内,直接或间接产生的温室气体排放总量,通过植树造林、节能减排等形式,抵消自身产生的二氧化碳排放,实现二氧化碳的"零排放"。

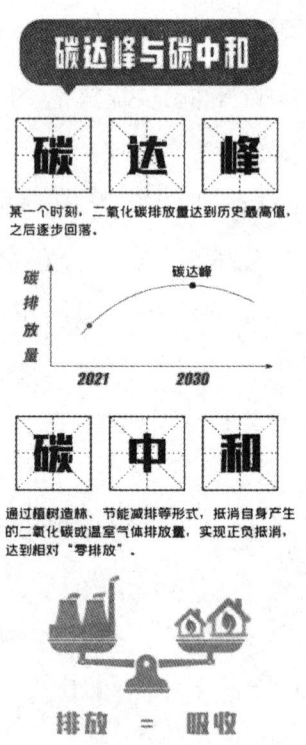

（一）碳达峰、碳中和工作是党中央经过深思熟虑作出的重大战略决策

党的十八大以来，党中央、国务院高度重视生态文明建设，以习近平同志为核心的党中央把生态文明建设放在更加重要的位置，始终保持大力推进生态文明建设的战略定力，站在人类文明发展的高度，对生态环境建设持续进行深入思考，不断提出新思想和新理念。

党的十八大报告提出"努力建设美丽中国，实现中华民族永续发展"的生态文明目标，把生态文明建设纳入中国特色社会主义"五位一体"布局。2013年，党的十八届三中全会提出建立系统完整的生态文明制度体系，用制度保护生态环境。2014年，习近平总书记在中央财经领导小组第六次会议上提出"四个革命、一个合作"能源安全新战略，为建设清洁低碳、安全高效的能源体系提供了根本遵循。2015年，党的十八届五中全会提出创新、协调、绿色、开放、共享五大发展理念，将绿色发展作为关系我国发展全局的一个重要理念。2017年，党的十九大提出加快生态文明体制改革，建设美丽中国。2018年，全国生态环境保护大会首次全面系统性阐述了习近平生态文明思想，标志着我国生态文明建设形成了系统全面的理论体系。2020年，十九届五中全会将"碳排放达峰后稳中有降"写入2035年远景目标。2021年，中央经济工作会议将做好碳达峰、碳中和工作列为八项重点任务之一。

着眼于应对气候变化的全球性挑战，我国积极参与全球治理。2013年，习近平主席在俄罗斯莫斯科国际关系学院发表演讲时首次提出"人类命运共同体"的理念。2016年，我国加入巴黎气候变化协定，为达成协定作出重要贡献，是落实协定的积极践行者。2020年9月，习近平主席在第七十五届联合国大会一般性辩论上的讲话中指出，应对气候变化《巴黎协定》代表了全球绿色低碳转型的大方向，中国将提高国家自主贡献力度，采取更加有力的政策和措施，二氧化碳排放力争于2030年前达到峰值，努力争取2060年前实现碳中和。2020年12月，在气候雄

心峰会上,习近平主席进一步宣布,到 2030 年,中国单位国内生产总值二氧化碳排放将比 2005 年下降 65% 以上,非化石能源占一次能源消费比重将达到 25% 左右,森林蓄积量将比 2005 年增加 60 亿立方米,风电、太阳能发电总装机容量将达到 12 亿千瓦以上。

资料链接

《巴黎协定》

《巴黎协定》(The Paris Agreement),于 2015 年 12 月 12 日在第 21 届联合国气候变化大会(巴黎气候大会)上通过,是由全世界 178 个缔约方共同签署的气候变化协定,长期目标是将全球平均气温较前工业化时期上升幅度控制在 2 摄氏度以内,并努力将温度上升幅度限制在 1.5 摄氏度以内。这是继 1992 年《联合国气候变化框架公约》、1997 年《京都议定书》之后,人类历史上应对气候变化的第三个里程碑式的国际法律文本,形成 2020 年后的全球气候治理格局。

(二)碳达峰、碳中和工作是着眼于民族未来和人类发展的目标任务

党中央推动碳达峰、碳中和工作,既着眼民族未来,部署了方向性、全局性的目标任务,又思考人类发展,为构建人类命运共同体贡献了中国智慧、提供了中国方案。

碳达峰、碳中和工作事关中华民族永续发展。生态兴则文明兴,生态衰则文明衰。生态环境是人类生存和发展的根基。生态环镜变化直接影响文明兴衰演替。历史上的古埃及文明、古印度文明、古巴比伦文明都发源于森林茂密、水草丰盛的地方,最后都因为大量砍伐森林和侵占湿地,沃野变荒漠,导致了文明衰落。我国的古楼兰、古大夏文明也经历过这样惨痛的教训。河西走廊、黄土高原都曾经水丰草茂,由于自然

变迁加之毁林开荒、乱砍滥伐，致使生态环境遭到严重破坏，加剧了经济衰落。

以史为鉴，可以知兴替。习近平总书记强调指出，生态文明建设是关系中华民族永续发展的千年大计，关系人民福祉、关乎民族未来。生态环境矛盾是一个历史积累过程，不是一天变坏的，不能在我们手里变得越来越坏，要坚定走生产发展、生活富裕、生态良好的文明发展道路，划定生态保护红线，为可持续发展留出空间，为子孙留下天蓝地绿水清的家园，为中华民族永续发展留下根基。

碳达峰、碳中和工作事关人类命运共同体。人类是命运共同体，地球是人类的共同生命家园，大气、海洋、河流都是循环相通的，一个国家的生态问题不仅对本国有影响，对周边国家甚至全球生态都有影响。建设绿色家园是人类的共同梦想。随着各国二氧化碳排放，温室气体猛增，全球变暖就是人类的行为造成地球气候变化的后果。气候变化是人类面临的全球性问题，世界各国正在以全球协约的方式减排温室气体。中国主张构筑尊崇自然、绿色发展的生态体系，呼吁世界各国共同呵护好地球家园，共建清洁美丽世界，同走绿色发展之路。

在人类200多年的现代化进程中，实现工业化的国家不超过30个、人口不超过10亿。在中国这个14亿多人口的最大发展中国家推进生态文明建设，建成富强民主文明和谐美丽的社会主义现代化强国，其影响将是世界性的。中国把生态文明作为执政理念、国家战略、发展目标，并在全社会加以推行，我国已成为全球生态文明建设的重要参与者、贡献者、引领者。

（三）实现碳达峰、碳中和是一场广泛而深刻的经济社会系统性变革

习近平总书记指出，坚持绿色发展是发展观的一场深刻革命。生态优先，绿色发展首先是思想认识转变的问题，发展理念是发展行动的先导，绿色发展就是在正确认识生态环境保护和经济发展关系下的一场发展观的深刻变革。生态环境保护和经济发展不是矛盾对立的关系，而是

辩证统一的关系，离开保护谈发展是竭泽而渔，离开发展谈保护是缘木求鱼。不能把生态环境保护和经济发展割裂开来，更不能对立起来，要更加清晰地认识到生态环境保护蕴含的潜在需求，以及这些需求可能激发出来的供给、形成的新的增长点。

碳达峰、碳中和将使能源结构、技术结构、产业结构乃至整个发展方式都将发生全局性、系统性的重大变革。走生态优先、绿色发展之路，将加快调整经济结构和能源结构，促进清洁生产、循环经济发展，建立循环型工业、农业、服务业体系，形成科技含量高、资源消耗低、环境污染少的产业结构和生产方式，低碳生活与我们每个人都有切身关系，当下，我们正在经历着生产生活方式的全面绿色转型。

专家观点

碳中和意味着什么？

远景科技集团 CEO 张雷：碳中和是一个伟大的历史进程，这个历史进程不仅带来了一场能源革命，它应该还更深层地带来了一场新的工业革命。历史上的每一次能源革命背后都带来了工业革命，碳中和，这是一场深远的零碳新工业革命，这个背后对中国来说就是一次换道超越，这对中国工业体系的腾飞是一次历史性的机遇。

中金公司首席经济学家、研究部负责人彭文生认为，实现碳达峰、碳中和有两个路径，一是减少化石能源的使用，二是通过技术进步更多地使用光伏、风、电等清洁能源。前者如果没有替代能源的话，必然会对当前的经济结构以及整个经济带来较大影响；后者对经济总量的影响没那么大，但对经济结构影响非常大。

二、加快发展方式绿色转型面临的形势

我国经济发展进入了新时代，人与自然关系呈现新形势新矛盾新特征。绿色循环低碳发展，是当今时代科技革命和产业变革的方向，是最有前途的发展领域。顺应时代发展潮流，立足新发展阶段，实现高质量发展，我国发展方式绿色转型持续开展富有成效的理论创新和实践探索，取得了重要成就。

（一）绿色发展理念成为全球经济转型发展共识

发达国家的工业化进程中产生过难以弥补的生态创伤。从历史上看，人类进入工业文明时代以来，科技水平大幅提高，传统工业化迅速发展，在创造巨大物质财富的同时也加速了对自然资源的攫取，20世纪30年代开始，一些西方国家相继发生了多起环境公害事件，尤其是八大环境公害事件，震惊世界，付出了沉重的资源环境代价。

杀鸡取卵、竭泽而渔的发展方式走到了尽头，人类开始重新审视和反思传统的发展路径。世界各国共同研究解决环境问题，1992年联合国召开环境与发展大会，可持续发展成为共识，第一次把经济发展与环境保护问题结合起来统筹研究加以解决。2012年联合国可持续发展大会发起可持续发展目标大讨论，提出绿色经济是实现可持续发展的重要手段。

21世纪以来，发达国家大力发展绿色产业。许多国家实施绿色新政，把发展绿色经济作为新的增长引擎。例如，日本通过了《绿色经济与社会变革》、韩国出台了《低碳经济增长战略》、欧盟陆续发布了《欧洲绿色协议》《循环经济行动计划》等。经过多年发展，全球产业绿色化、贸易绿色化、投资绿色化、援助绿色化趋势明显。绿色经济、循环经济、低碳技术成为经济发展和环境保护的重要结合点，在世界科技变革和产业调整中扮演着越来越重要的角色，全球凝聚起绿色发展的

理念共识。

> **资料链接**
>
> **20世纪世界八大环境公害事件**
>
> 因现代化学、冶炼、汽车等工业的兴起和发展，工业"三废"排放量不断增加，环境污染和破坏事件频频发生，在20世纪30年代至60年代，发生了8起震惊世界的环境公害事件：比利时马斯河谷烟雾事件、美国多诺拉镇烟雾事件、伦敦烟雾事件、美国洛杉矶光化学烟雾事件、日本水俣病事件、日本富山骨痛病事件、日本四日市气喘病事件、日本米糠油事件。

（二）高质量发展对绿色转型提出迫切需求

在新发展阶段，经济已由高速增长阶段转向高质量发展阶段。推动经济高质量发展，建设现代化经济体系，必须准确把握高质量发展的内在要求，坚持质量第一，实现高水平经济循环；坚持效益优先，实现要素高效配置；坚持创新驱动，实现活力充分释放；坚持共创共享，实现以人民为中心的发展。

贯彻创新、协调、绿色、开放、共享的新发展理念，其中绿色作为一大理念，是发展方式的深刻转变。改革开放40多年来，我国经济快速发展，同时，资源环境问题也集中显现，问题矛盾复杂、叠加。资源禀赋不足、发展方式粗放、环境污染严重、生态系统退化等问题，对经济发展的制约日益凸显。我国正处于工业化、城镇化和农业现代化快速发展时期。目前，环境承载能力已经达到或接近上限，传统的规模速度型发展方式已难以为继。加上我国人口众多、人均资源相对不足、生态环境承载力不强的基本国情，必须转变发展方式，改变传统的"大量生产、大量消耗、大量排放"的生产模式和消费模式，使资源、环境、生产、消费等要素相匹配相适应，实现经济社会发展和生态环境保护协调统一、人与自然和谐共处。

我国社会主要矛盾已经转化为人民日益增长的美好生活需要和不平衡不充分的发展之间的矛盾，人民群众对优美生态环境的需要已经成为这一矛盾的重要方面。老百姓对干净的水、清新的空气、安全的食品、优美的环境等要求越来越高。推进绿色循环低碳发展是发展方式的重大转变，加快建设资源节约、环境友好的绿色发展体系，对于加快供给侧结构性改革、更好满足人民日益增长的优美生态环境需要和推动经济高质量发展具有重要意义。

（三）"绿水青山就是金山银山"的理念成为全党全社会的共识和行动

在习近平新时代中国特色社会主义思想指引下，我国绿色循环低碳发展水平大幅提升，经济社会发展与生态环境保护之间的关系更加协调，资源、环境、生态效益不断显现，绿色成为高质量发展的靓丽底色。

一是产业结构不断优化升级。大力推进"三去一降一补"着力化解钢铁、煤炭等行业产能过剩矛盾，一二三产业比例进一步优化。制造业向智能化、绿色化和服务化转型步伐加快，农业发展方式加快转变，化肥农药使用量保持负增长，农村电商等新产业新业态方兴未艾。绿色产业蓬勃发展。节能环保产业快速发展，2020年产值达7.5万亿元左右。新能源汽车产业蓬勃发展，产销量已连续五年居世界首位。绿色金融发展迅速，绿色贷款余额超过11万亿元，居世界第一；绿色债券余额1万多亿元，居世界第二。

二是能源生产和消费结构更趋绿色。我国已建成全球最大的能源供给体系，一次能源生产中，原煤、原油比重逐渐下降，天然气、水电、核电、风电占比不断上升。2019年消费能源结构与2012年相比，煤炭消费占比由68.5%下降到57.7%，水电、核电、风电等消费占比由9.7%上升到15.3%。由于绿色技术不断进步，新能源、燃煤机组超低排放、煤炭清洁高效加工及利用等方面取得重大突破。

三是资源利用效率大幅提升。我国着力推动资源利用方式发生根本转变，不断加强全过程节约管理。强化法律法规约束，实施能源消费总量和强度双控，强化责任目标评价考核，推进工业、建筑、交通运输、公共机构等重点领域节能，推广先进节能技术和产品。实施国家节水行动，推动非常规水源利用、重点领域节水，创新节水机制。提高存量土地资源利用效率，开展建设用地节约集约利用状况评价，加强土地使用标准制定、审核及监管，推广节地技术和模式。

四是绿色生活方式逐步推广。不断强化生态文明宣传教育，增强全民节约意识、环保意识、生态意识，培育绿色生活新风尚。绿色生活创建行动全面推进，印发实施机关、家庭、学校、社区、出行、商场、建筑七大领域创建方案。生活垃圾分类普遍推行，加快垃圾分类处理设施建设，推进生活垃圾资源化利用。开展节约粮食反对浪费行动，绿色低碳、文明健康的生活方式正在成为更多人的自觉选择。

五是生态文明制度体系不断健全。加快推进生态文明顶层设计和制度体系建设。绿色生产和消费的法规政策体系不断完善，已形成了30余部法律、60余部行政法规在内的法律法规体系，累计制修订绿色发展有关标准3000余项，法规标准的约束力、引导性进一步强化。出台一系列有利于绿色发展的价格、财税、金融等政策措施。国家生态文明试验区建设持续深化，探索形成一批可复制可推广的改革经验。

三、发展方式绿色转型的问题和短板

虽然经过努力我国绿色发展取得了显著成效，但发展不平衡、不充分的问题在资源环境领域依然突出，我国经济高质量发展还面临不少困难和问题，未来一段时间将是推进绿色循环低碳发展爬坡过坎的关键阶段。

（一）绿色生产方式尚未根本形成

我国能源结构偏煤、产业结构偏重的状况没有根本改变。我国化石能源大幅偏重于煤炭，直到2018年煤炭在我国一次能源中的占比仍然高达58%，而石油和天然气仅分别占20%和7%，从全球平均水平来看，石油、天然气、煤炭的占比更加均衡，分别为34%、24%、27%。我国的低碳能源以水电为主，水电份额为8%，核能份额仅为2%，而美国和欧盟的的份额分别为8%、11%。2020年我国粗钢产量超过10亿吨，占全球一半以上，煤炭、精炼铜、原铝、精炼铅、精炼锌等许多资源消耗占全球一半左右。我国产业结构不合理，生产结构亟待优化。工业结构内部存在重工业发展速度很快，重工业比重也很高，加快推动产能过剩行业调整主要都是重工业领域，并且现代服务业发展速度不快，服务业比重与发达国家，甚至与发展中国家相比，都是偏低的。我国正处于加速工业化和经济重型化的进程之中，能否实现以较少的能源消费量完成经济高速发展，很大程度上取决于产业结构是否轻型化，控制高耗能产业，发展高科技产品和第三产业是未来我国产业结构调整的主流方向和重要任务。当前我国还存在着区域发展不平衡、城乡发展不平衡、经济发展和生态环境保护不平衡等方面问题，特别是发展的质量和效益还不高，创新能力不强，经济增长还没有完全转变到主要依靠科技进步和创新驱动的轨道上来。我国绿色技术水平总体不高，有关研究表明，与世界先进水平相比，我国绿色科技领跑、并跑、跟跑技术的比例分别约为10%、35%、55%，整体仍处于跟跑阶段，缺乏尖端核心技术。我国科研院所申请绿色技术专利占比约为30%，但转化率偏低，失效和弃权比例高达60%。

（二）能源资源总体利用水平不高

我国煤炭生产规模已经远远超过安全、环保、生态友好的开采上限，导致地下水资源被破坏，产生大面积的采煤沉陷区，煤矸石堆积大量占用土地、污染土壤。巨大的煤炭消费量也带来较为严重的环境污染。水资源利用水平不高。人多水少、时空分布不均是我国的基本水情。农业用水效率不高，农田灌溉水有效利用系数0.554，尤其是喷微灌等高效节水灌溉覆盖面偏低，占灌溉面积的比重（高效节灌率）约30%，对标欧美发达国家50%以上的比重，我国农业用水效率与水平还有很大差距。工业用水效率还有较大提升空间，高耗水行业集中在电力、钢铁、纺织、造纸、食品加工、石化和化工等，高耗水行业用水量占工业总用水量的50%以上，工业节水还有较大潜力可挖。部分地区水资源过度开发，经济社会用水大量挤占河湖生态水量，水生态空间被侵占，流域区域生态保护和修复用水保障、水质改善、生物多样性保护等面临严峻挑战。矿产资源综合开发利用水平不高。重要矿产对外依存度攀升，安全供应风险加大，45种主要矿产中有11种矿产出现严重短缺，铁矿石、铜、钾的对外依存度已超过50%。矿产资源开发利用产品的科技含量和附加值较低，据相关统计，矿产资源总回收率和共伴生矿产资源综合利用率平均分别为35%和40%，比国际先进水平低15%~20%。

（三）生活消费方式亟须改变

粮食浪费、能源浪费、资源浪费等现象一定程度存在，不合理消费迅速增长带来的资源环境压力也逐渐增大。建筑物平均寿命只有30年左右，远低于其他国家。城市废弃物产生量快速上升，每年产生餐厨垃圾约1.5亿吨，几乎相当于每年粮食产量的20%，2019年，我国城市人均垃圾清运量0.75千克/天，部分地区达到1千克/天，已超过日本、韩国等，给尚不健全的回收体系带来更大挑战。

（四）环境污染问题尚未根本解决

我国仍处于社会主义初级阶段，工业化、城镇化、农业现代化尚未完成，污染物排放量依然处于高位。一些没有纳入总量减排控制的污染物排放量依然在持续上升，对环境质量的影响进一步显现。环境质量改善成效不牢固。大气方面，空气质量超标，水体污染较重，土壤重金属污染仍未全面扭转。

（五）绿色转型发展保障和政策体系不健全

政府法治化、科学化治理能力亟待提升。一些地方在整治中简单化，经济、法律等手段运用不够；企业环境治理主体责任落实不到位，一些重污染企业法治观念有待增强，一定程度上存在"守法成本高、违法成本低"的问题；公众对环境治理的知情权、参与权和监督权缺乏有效保障，环境公益诉讼存在立案难、举证难、鉴定难等问题，社会组织和公众参与环境治理缺乏有效制度保障。资金投入总体不足。从国际经验来看，环境治理投入占GDP比重达到2%左右，环境污染才能得到有效治理，达到3%左右环境质量才能得到改善。根据世界银行报告估算，当前我国环境治理投入不到GDP的2%，且投入渠道单一，以政府财政投入为主，多元投入机制尚未形成。我国绿色金融发展不充分不平衡，绿色金融支持机制不健全，金融机构对生态环境保护领域融资支持力度有限，绿色信贷面临外部监管不足，绿色债券认证标准不统一，缺乏推动社会资本"自下而上"自发参与绿色项目建设的制度环境和安排。价格机制不健全。污水处理差异化收费机制尚未建立，污水处理收费难以覆盖处理成本，未分类分档制定差别化收费标准和递增阶梯收费制度；生活垃圾"产生者付费"机制有待健全，部分地方没有按照《固体废物污染环境防治法》规定的"产生者付费"原则全面建立生活垃圾处理收费制度，仅向机关、企事业单位等非居民用户征收垃圾处理费，未向居民家庭征收生活垃圾处理费；节能环保电价机制有待进一步健全，工业电价和居民电价倒挂的问题、自备电厂的电价和公平承担社会责任问题进一步凸显，电价机制如何进一步发挥作用还需要与整体的政策协调一致推进。

四、加快发展方式绿色转型的主要任务

当前,我国生态文明建设正处在压力叠加、负重前行的关键期,已进入提供更多优质生态产品以满足人民日益增长的优美生态环境需要的攻坚期,也到了有条件有能力解决生态环境突出问题的窗口期。必须贯彻落实习近平新时代中国特色社会主义思想和习近平生态文明思想,牢固树立"绿水青山就是金山银山"的理念,加快生产生活方式全面绿色转型,加快推动生态文明建设和美丽中国建设。

总体思路是要坚定不移贯彻新发展理念,坚持系统观念,处理好发展和减排、整体和局部、短期和中长期的关系,以经济社会发展全面绿色转型为引领,以能源绿色低碳发展为关键,加快形成节约资源和保护环境的产业结构、生产方式、生活方式、空间格局,坚定不移走生态优先、绿色低碳的高质量发展道路。具体来说,要做好以下几方面工作。

(一)加快生产方式绿色转型

坚决打赢碳达峰、碳中和这场硬仗,要求我们坚持节能优先方针,进一步推动能源消费革命,强化能耗强度控制,促进产业结构绿色升级,深入实施创新驱动发展战略,构建绿色技术创新体系,培育节约能源和使用绿色能源的生产方式。

着力调整能源结构。二氧化碳排放和化石能源消耗密切相关。我国能源禀赋的特点是多煤、缺油、少气,一次能源消费以煤为主。必须在推动煤炭消费尽早达峰上下功夫。一方面,要深入促进煤炭清洁高效利用、推动煤矿绿色生产开采和智能化建设,推进煤炭洗选和分级分质利用,着力提高电煤在煤炭消费中的比重,探索推广煤炭消费领域碳捕捉封存和利用技术。另一方面,要大力发展新能源,提高清洁能源特别是非化石能源消费占比。科学有序推进水电发展,重点是做好雅砻江中游、金沙江上游梯级电站和雅鲁藏布江下游水电站等规划建设。我国核

电在建规模世界第一，要在确保安全的前提下积极有序发展。风电、光伏发电每年要保证一定规模的新增装机容量，坚持集中式基地建设和分布式项目发展并举，与基地外送配套建设西电东送、北电南送特高压直流输电通道。积极开发可再生能源制氢技术和产业。同时，还要大力提升新能源储存能力和电力系统调节能力，加大抽水蓄能和储能发展支撑力度，探索储能商业化应用新路子，按照灵活调节机组标准建设煤电项目，推进"风光水火储一体化"和"源网荷储"一体化发展。

加快优化产业结构。这是实现绿色转型的关键所在。一方面，要加快以节能减排为重点的传统产业改造步伐，在钢铁、水泥、建材等重点行业推行清洁生产强制审核，推动工业、建筑、交通等领域绿色化低碳化发展。现在园区已经成为产业绿色化的重要战场。要抓住园区这个"牛鼻子"，推动能源资源梯级利用和系统优化，促进园区内不同产业之间的循环耦合，大力发展循环经济。另一方面，要大力发展现代服务业、高技术产业、战略性新兴产业，壮大节能环保、清洁生产、清洁能源、生态环境、基础设施绿色升级、绿色服务等产业，努力使其对经济增长的贡献能够抵消并超过传统产业压减对经济造成的减量。特别是当前节能环保产业正蓬勃兴起，但低、小、散、弱等特征也很明显。要大力培育各类市场主体，促进节能环保产业规模化积聚性发展，支持龙头企业和骨干企业做大做强，推动资源节约高效利用。探索推广合同能源管理、环境污染第三方治理、园区用能托管等模式，提高节能环保专业化服务水平。

构建绿色技术创新体系。鼓励绿色低碳技术研发，实施绿色技术创新攻关行动，培育建设创新基地平台。强化企业创新主体地位，支持企业整合高校、科研院所、产业园区等力量建立市场化运行的绿色技术创新联合体。着力推动数字化、大数据、人工智能技术与能源清洁高效开发利用技术的融合创新。加速科技成果转化、支持建立绿色技术创新项目孵化器、创新创业基地，发布绿色技术推广目录，推进绿色技术交易中心建设。

（二）全面提高资源利用效率

要继续坚持和完善能源消费总量和强度双控制度，紧紧围绕提高能源利用效率，科学合理制定地区能源消费总量目标，严格控制能源消费强度特别是化石能源消费总量，强化节能目标责任评价考核及结果运用，坚决防止盲目新上高耗能高排放项目。坚持节能优先方针，深化工业、建筑、交通等领域和公共机构节能，推动5G、大数据中心等新兴领域能效提升，强化重点用能单位节能管理，实施能量系统优化、节能技术改造等重点工程，加快能耗限额、产品设备能效强制性国家标准制修订。实施国家节水行动，建立水资源刚性约束制度，强化农业节水增效、工业节水减排和城镇节水降损，鼓励再生水利用，单位GDP用水量下降16%左右。加强土地节约集约利用，加大批而未供和闲置土地处置力度，盘活城镇低效用地，支持工矿废弃土地恢复利用，完善土地复合利用、立体开发支持政策，新增建设用地规模控制在2950万亩以内，推动单位GDP建设用地使用面积稳步下降。提高矿产资源开发保护水平，发展绿色矿业，建设绿色矿山。

（三）构建资源循环利用体系

全面推行循环经济理念，构建多层次资源高效循环利用体系。深入推进园区循环化改造，补齐和延伸产业链，推进能源资源梯级利用、废物循环利用和污染物集中处置。加强大宗固体废弃物综合利用，规范发展再制造产业。加快发展种养有机结合的循环农业。加强废旧物品回收设施规划建设，完善城市废旧物品回收分拣体系。推行生产企业"逆向回收"等模式，建立健全线上线下融合、流向可控的资源回收体系。拓展生产者责任延伸制度覆盖范围。推进快递包装减量化、标准化、循环化。加快大宗货物和中长途货物运输"公转铁""公转水"。开展重点行业和重点产品资源效率对标提升行动。建立统一的绿色产品标准、认证、标识体系，完善节能家电、高效照明产品、节水器具推广机制。

（四）构建绿色发展政策体系

构建完善绿色发展的政策体系为实现绿色发展转型提供有力的政策制度保障，要完善相关法律法规，提高政府法制化、科学化治理能力，以法律实施促使企业落实环境治理主体责任，切实为绿色发展转型提供法律保障。要实施有利于节能环保和资源综合利用的财政、税收政策，发展绿色金融，深化低碳建设试验区、试点改革。继续加大财政和预算内投资力度，通过财政贴息、资金奖补、政府和社会资本合作等多种方式，引导和带动各方面增加节能减排投入。落实已有绿色税收优惠政策，逐步完善绿色税收体系，促进新型节能环保技术、装备和产品研发应用，扩大环境保护、节能节水等企业所得税优惠目录范围。健全可再生能源电力消纳保障机制，推进新建风电和光伏发电项目无补贴平价上网，保障新能源发电企业正常经营。实施金融支持绿色低碳发展专项政策，设立碳减排支持工具，引导绿色信贷、绿色债券等健康发展，发挥好国家绿色发展基金作用。深化生态文明试验区建设。深入推进山西国家资源型经济转型综合配套改革试验区建设和能源革命综合改革试点。深化低碳省市试点，推进零碳排放示范工程和碳中和示范区建设，支持有条件的地方率先达峰。启动气候投融资地方试点。建设全国用能权、碳排放权交易市场是控制和减少温室气体排放、推动绿色低碳发展的重大制度创新。用能权交易市场建设要在总结浙江、福建、河南、四川4省试点经验基础上，抓紧做好效果评估和制度设计，做到平稳有序推进。碳排放权交易市场建设要以发电行业为突破口，抓紧做好注册登记系统和交易系统的建设运行，确保2021年6月底前启动上线交易，今后逐步扩大覆盖范围，丰富交易品种和交易方式，完善温室气体自愿减排交易机制。还要健全自然资源有偿使用制度，创新完善自然资源、污水垃圾处理、用水用能等领域价格形成机制。

（五）深入开展绿色生活创建行动

推动节能减排深入开展，离不开公众参与。要积极倡导简约舒适、绿色低碳的生活方式，推动在全社会形成文明健康的生活风尚，深入开展绿色生活创建行动。广泛开展全民节能行动、推进交通设施绿色化建设改造、加速交通工具绿色更新迭代，开展既有建筑节能改造、推广绿色建材和装配式建筑、发展绿色建筑，支持创建节约型机关、绿色家庭、绿色学校、绿色社区等，形成厉行节约、反对浪费的良好社会氛围。完善节能家电、高效照明产品等推广机制，鼓励扩大绿色消费。公共机构要落实节能产品优先采购和强制采购制度，扩大绿色采购规模，在绿色消费上发挥示范带动作用。

（六）深化生态环境治理

深化大气、水、土壤污染防治，继续打好污染防治攻坚战。以生活污水垃圾、危废、医废等为重点，加快推动城镇环境基础设施升级改造，推进农村生活污水处理设施建设。推进国家公园建设，做好国家级自然保护区保护和修复，加强国家级自然公园保护。推进重点区域生态系统保护和修复，大力实施天然林保护、防护栏体系建设、退耕还林还草、河湖湿地保护修复等工程。加强生态系统保护修复。

（七）开展应对气候变化国际合作

应对气候变化是全球面临的共同挑战。要继续积极开展气候变化南南合作，通过实施减缓和适应项目、合作建设低碳示范区和开展能力建设等方式，帮助发展中国家特别是小岛屿国家、非洲国家和最不发达国家提升应对气候变化能力。继续坚持共同但有区别的责任原则、公平原则和各自能力原则，建设性参与气候变化国际谈判，努力寻求"最大公约数"推动联合国气候变化框架公约第二十六次缔约方大会取得积极成果，推动建立公平合理、合作共赢的全球气候治理体系。

12. "三重四创五优化"
——推动河北省"十四五"经济社会发展开好局起好步

2021年2月18日,河北省召开了"三重四创五优化"活动暨20项民生工程动员部署会议。会议强调要坚持以习近平新时代中国特色社会主义思想为指导,立足新发展阶段,贯彻新发展理念,构建新发展格局,深入贯彻以人民为中心的发展思想,认真开展"三重四创五优化"活动("三重"是指重大国家战略、重大项目建设、重大民生工程;"四创"是指创新,创业,创全国文明城市、国家卫生城市,创平安河北、法治河北;"五优化"是指优化政治生态、优化经济结构、优化自然生态、优化营商环境、优化基层治理)和"三基"建设年活动("三基"建设是指基层组织、基础工作、基本能力建设),持续实施20项民生工程,为推动河北省"十四五"经济社会开好局、起好步,为加快建设经济强省、美丽河北提供有力保障。

一、"十四五"时期河北省发展面临的新形势、新要求

(一) 新形势

"十四五"时期,河北省仍处于历史性窗口期和战略性机遇期。从国际看,当今世界正经历百年未有之大变局,新一轮科技革命和产业变革深入发展,和平与发展仍然是时代主题,人类命运共同体理念深入人心,同时不稳定性不确定性明显增加,新冠肺炎疫情影响广泛深远,世界进入动荡变革期。从全国看,我国已转向高质量发展阶段,制度优势显著,治理效能提升,经济长期向好,物质基础雄厚,人力资源丰富,发展韧性强劲,社会大局稳定,发展具有多方面有利条件。从河北看,河北省区位优势明显,重大国家战略和国家大事带来前所未有的宝贵机遇和战略支撑;产业体系完备,农业现代化进程加快,工业化体系不断完善,服务业对经济增长拉动作用明显增强;交通优势突出,世界级城市群、京津冀机场群、环渤海港口群为融入国内国际市场奠定坚实基础;市场空间广阔,京津两大都市和河北省城乡内需潜力巨大;政治生态优化,干部队伍忠诚担当实干,当好首都政治"护城河"成为河北省上下高度共识和自觉行动。

但同时也要看到,我们还存在发展短板。河北省产业结构偏重。新中国成立初期,河北产业结构层次很低,是典型的农业省。第一产业一家独大,居主导地位,二三产业基础薄弱。"十三五"期间,河北省突出钢铁、煤炭、水泥、平板玻璃、焦炭、火电六大行业,超额完成去产能任务。区域协调发展不够,改革开放力度不够,自主创新能力不够,资源环境容量不够。

(二) 新要求

经济高质量发展取得新成效,京津冀协同创新共同体建设纵深推

进，有效承接北京非首都功能，"雄安质量"引领效应充分显现，加快推进贯彻落实新发展理念的创新发展示范区建设，高质量发展体系更加完善，经济结构更加优化，创新能力明显提高，产业基础高级化、产业链供应链创新链现代化水平大幅提升，实体经济和先进制造业、数字经济加快发展，农业基础更加稳固，乡村振兴全面推进，城乡区域发展协调性明显增强，综合经济实力和各级政府财力显著提高。

改革开放迈出新步伐，重点领域改革取得突破性进展，要素市场化配置机制更加健全，公平竞争制度更加完善，高标准市场体系基本建成，营商环境达到全国一流水平，中国（河北）自贸试验区建设取得明显成效，开发区能级大幅提升，初步形成开放型经济发展新高地。

社会文明程度得到新提高，习近平新时代中国特色社会主义思想在燕赵大地深入人心，社会主义核心价值观融入社会发展各方面，人民思想道德素质、科学文化素质和身心健康素质明显提升，公共文化服务体系更加完善，文化事业和文化产业发展活力迸发，实现由文化大省向文化强省的跨越。

生态文明建设实现新进步，国土空间保护开发格局得到优化，生态文明制度体系更加健全，能源资源利用效率大幅提高，污染物排放总量持续减少，山水林田湖草系统治理水平不断提升，城乡人居环境更加优美，京津冀生态环境支撑区和首都水源涵养功能区建设取得明显成效。

民生福祉达到新水平，实现更加充分更高质量就业，居民收入增长和经济增长基本同步，社会事业全面发展，全民受教育程度明显提升，基本公共服务均等化水平不断提高，多层次社会保障体系更加健全，脱贫攻坚成果巩固拓展，乡村振兴全面推进，更好实现人民对美好生活的向往。

社会治理效能得到新提升，依法治省迈出坚实步伐，社会公平正义进一步彰显，共建共治共享的社会治理体系更加健全，基层基础更加稳固，重大突发公共事件应急能力和防灾减灾抗灾救灾能力明显增强，防范化解重大风险和安全发展体制机制不断完善，拱卫首都安全的钢铁长城更加牢固可靠。

二、深刻认识开展"三重四创五优化"活动的背景和意义

(一)"三重四创五优化"活动的社会背景

党的十九大以来,河北省委、省政府围绕贯彻落实习近平总书记关于河北工作的重要指示批示,坚持以人民为中心发展思想,扎实推进河北创新发展、绿色发展、高质量发展,连续3年在全省部署开展"双创双服""三深化三提升""三创四建"活动和实施20项民生工程,全省政治生态、经济生态、自然生态、社会生态发生历史性新变化。

一是坚持聚焦培育高质量发展的新动能,推动创新创业成果丰硕。近3年来新增国家级高新技术企业5600多家、科技型中小企业3.1万多家,新增市场主体316.81万户,新增城镇就业262.56万人,创新型河北建设扎实深入,大众创业活力明显增强。

二是坚持聚焦构建以首都为核心的世界级城市群,推动文明城市、卫生城市、森林城市创建取得扎实成效。社会文明程度不断提高,城乡环境日益改善。"十三五"时期,河北省坚定不移贯彻习近平生态文明思想,在治理污染、修复生态中加快营造良好人居环境。

三是坚持聚焦提升治理体系和治理能力现代化水平,推动"四个体系建设"实现新的突破。现代化经济体系建设加快推进,三次产业结构比例从11.7:43.7:44.6优化为10.7:37.6:51.7,产业结构由"二三一"历史性转变为"三二一"。城乡融合高质量发展体系建设有力有效,城乡居民收入分别比2017年增长22%和27.8%。一流营商环境体系建设持续深化,持续提升投资建设便利度,进一步简化企业生产经营审批和条件,优化外贸外资企业经营环境,降低就业创业门槛,提升涉企服务质量和效率,完善优化营商环境长效机制。现代化社会治理体系建设作用凸显,坚持事要解决,压实责任制,强化领导干部包联,2020年基本

化解信访积案，重复信访集中化解取得重要进展。

四是坚持聚焦践行以人民为中心的发展思想，推动20项民生工程惠及广大群众。2020年，全省财政民生支出7367.9亿元，增长9.7%，城镇新增就业85.9万人，棚户区改造新开工6.01万套，老旧小区改造完成1941个，新建、改扩建幼儿园307所，农村公路新（改）建6500公里。

五是坚持聚焦优化全省政治生态，推动作风纪律整治向纵深发展。坚持不懈正风肃纪、反腐惩恶，解决了一些长期想解决而没有解决的顽瘴痼疾。2018年，集中整治群众反映强烈的突出问题，扎实推进"一问责八清理"整改"回头看"，全省共查处发生在群众身边的腐败和作风问题15359件，处理22469人，问责领导干部2684人。2019年，加强对省委20项民心工程落实情况的监督检查，推动解决教育医疗、环境保护、食品药品安全、社保就业、冬季安全清洁取暖等方面存在的突出问题，共查处民生领域侵害群众利益问题2617起，处理4419人，不断增强群众的获得感幸福感安全感。2020年，全省立案审查违反政治纪律案件152件，处分210人；查处脱贫攻坚领域有关问题596个，批评教育帮助和处理914人，其中给予党纪政务处分670人；查处涉黑涉恶腐败和"保护伞"问题1798个，给予党纪政务处分3275人；查处民生领域腐败和作风问题1599个，批评教育帮助和处理2539人，其中给予党纪政务处分1526人；查处形式主义、官僚主义有关问题1085个，批评教育帮助和处理1703人，其中给予党纪政务处分1173人；查处享乐主义、奢靡之风问题1240个，批评教育帮助和处理1741人，其中给予党纪政务处分1365人；坚决整治"灯下黑"，全省共组织处理纪检监察干部120人，给予党纪政务处分87人，移送检察机关4人。党风政风焕然一新，广大党员干部干事创业的积极性主动性不断增强。

实践证明，这一系列活动符合党中央精神，契合河北实际，成效显著，成绩斐然。河北省委、省政府积极主动适应新形势、新任务、新要求，部署开展"三重四创五优化"活动。这既是"双创双服""三深化三提升""三创四建"活动的延续，同时又针对当前及今后一段时间的形势任务，增添了很多新思路、新内容，突出了工作重点，指明了具体途径，是 2021 年推动各项工作的重要载体和抓手。

（二）"三重四创五优化"活动的重大意义

"三重四创五优化"活动是 2021 年推动各项工作的重要载体和抓手。对于深入贯彻习近平总书记重要指示批示和党中央决策部署，进一步巩固发展全省来之不易的好形势好局面具有重要现实意义。

1. 开展"三重四创五优化"活动，是当好首都政治"护城河"、为全国大局作贡献的实际行动。河北是京畿要地，当好首都政治"护城河"是政治之责、为政之要，必须坚持一切从政治上考量、在大局下行动，善于用政治眼光观察和分析经济社会问题，全力以赴办好自己的事情，以一域之光为全局添彩。组织开展"三重四创五优化"活动，就是要旗帜鲜明讲政治，增强政治判断力、政治领悟力、政治执行力，把党中央重大决策部署转化为实施方案、务实举措和实际成效，让改革发展稳定各项任务落下去，让惠及百姓各项工作实起来。增强"四个意识"、坚定"四个自信"、做到"两个维护"，以实施国家重大战略为牵引，推动经济社会发展各项事业迈上新台阶，以河北之稳拱卫首都安全，以河北之进服务京津乃至全国改革发展大局。

2. 开展"三重四创五优化"活动，是推动"十四五"开好局起好步、开启社会主义现代化建设新征程的重要抓手。2021 年是我国现代化建设进程中具有特殊重要性的一年，所有工作都要围绕开好局、起好步来展开，推动构建新发展格局迈好第一步、见到新气象。"十四五"时期，河北省仍处于历史窗口期和战略机遇期，机遇前所未有，发展潜力巨大，但与高质量发展要求相比还有许多不相适应的问题。主要体现在：发展仍不平衡不充分，科技创新能力不强，产业结构偏重，质量效益不高，新动能成长不足；改革开放深度广度不够，营商环境仍需改善；生态环境治理和防范化解重大风险任务艰巨，民生领域还有短板，社会治理还有弱项。开展"三重四创五优化"活动，就是要立足新发展阶段，从问题导向把握新发展理念，找准构建新发展格局的着力点和突破口，精准施策、主动作为，增强发展的整体效能。通过实施一批重大项目，支持鼓励企业和市场主题创新创业，持续优化产业结构，着力打通经济循环堵点，实现经济在更高水平的动态平衡，不断开辟发展新境界。

3. 开展"三重四创五优化"活动，是践行以人民为中心发展思想、推动实现共同富裕的关键举措。民生连着民心，民心是最大的政治。通过长期的努力，我们所处的短缺经济和供给不足的状况已经发生根本性转变，人民对美好生活的向往总体上已经从"有没有"转向"好不好"，呈现多样化、多层次、多方位的特点。开展"三重四创五优化"活动，就是要根据社会主要矛盾变化，持续抓重点、补短板、强弱项，切实巩固脱贫攻坚和全面建成小康社会成效，加快提升人民生活品质。从人民群众最关心的事情做起，持续实施20项民生工程，大力发展社会事业和强化公共服务，不断增强城市承载力和宜居度，打造更高水平的平安河北法治河北，努力让人民群众的获得感成色更足、幸福感更可持续、安全感更有保障。

三、准确把握"三重四创五优化"活动的丰富内涵

"三重四创五优化"活动涵盖改革发展稳定和党的建设方方面面，必须加强全局性谋划和整体性推进。

（一）"三重"：重大国家战略、重大项目建设、重大民生工程

1. 加大重大国家战略实施力度，推动"三件大事"取得新的更大成效。一是围绕承接北京非首都功能疏解，稳妥有序启动实施一批标志性疏解项目。落实"三区一基地"功能定位，促进产业转移、交通一体化、生态建设、公共服务等方面实现新突破，推动廊坊市北三县与北京

市通州区按照"四个统一"要求协同发展,抓好自贸试验区和北京大兴国际机场临空经济区建设,着力提升重大平台承接能力,吸引更多京津科技成果到河北孵化转化,推动京津冀协同发展向广度深度拓展。二是围绕创造"雄安质量",加快推进雄安新区建设发展。滚动推进重大项目建设,推进白洋淀生态环境治理和保护工作。统筹推进启动区、起步区、重点片区和重大工程项目建设,推动雄安外围骨干路网建成通车,加快起步区骨干路网和基础设施建设进度;优先搞好公共服务配套,深化体制机制创新,大力发展高端高新产业,推动一批标志性疏解项目落地;加强白洋淀生态环境治理和保护,抓好治污、清淤、补水、防洪、排涝综合治理,推进千年秀林建设,建设生态文明示范区和无煤区。三是围绕为世界奉献一届精彩非凡卓越的奥运盛会,全力做好北京冬奥会筹办工作。全面落实"四个办奥"理念和简约、安全、精彩的办赛要求,有针对性地增加疫情检测、隔离、应急处置设施;全面做好各项赛会服务保障工作,建立高效有力的赛时运行指挥体系,抓好赛前各种测试活动;有效提升冰雪运动和奥运经济发展水平,打造京张体育文化旅游带;加快张家口首都水源涵养功能区和生态环境支撑区建设和"两翼"发展,推进坝上地区退耕还草轮牧。

名词解释

三区一基地:《京津冀协同发展规划纲要》中明确,将河北建设成"全国现代商贸物流重要基地、产业转型升级试验区、新型城镇化与城乡统筹示范区、京津冀生态环境支撑区"。

2. 加大重大项目建设力度,积极构建新发展格局。一是着力实施扩大内需战略,认真落实积极的财政政策和稳健的货币政策,扩大有效投资,充分释放县域消费、乡村消费和城市中低收入群体消费潜力。二是着力推进"两新一重"建设,抓好5G、工业互联网、大数据中心等建设,有力推动城市更新、县城改造、特色小镇建设等新型城镇化项目,打造现代化基础设施体系。三是着力拓展投资空间，用好地方政府专项债券，推动民间投资与政府投资、信贷资金等协同联动，优先支持在建工程后续融资和企业技改投资，激发全社会投资活力。四是着力健全推进保障机制，实施项目带动战略，狠抓大项目、好项目，进一步延伸产业链、稳定供应链、畅通物流链；高标准建设项目投资库，动态完善在建、新开、储备"三个清单"，形成开工一批、建成一批、储备一批、谋划一批项目建设的梯次滚动发展格局。

3. 加大重大民生工程推进力度，进一步巩固提升全面建成小康社会成果。一是聚焦改善人民生活品质，大力实施20项民生工程，切实解决群众反映强烈的突出问题。摸清底数、有序推进，持续加大投入，确保当年目标当年完成，切实兑现承诺。二是聚焦脱贫攻坚与乡村振兴有效衔接，健全防止返贫动态监测和帮扶机制，抓好"两不愁三保障"问题动态清零，强化易地搬迁后续扶持，推动产业提档升级，多渠道促进就业；实施乡村建设行动，大力发展富民产业，提高群众工资性收入、经营性收入和财产性收入，不断缩小地区差距、城乡差距和收入差距，扎实推进共同富裕。三是聚焦为人民群众提供全方位全周期健康服务，深化"四医联动"改革，健全基层公共卫生服务体系，创新医防协同机制，推进优质医疗资源下沉，强化全科医生和村医队伍建设，抓好县域医共体建设，促进中医药传承创新发展，加快健康河北建设。四是聚焦办好人民满意的教育，加大教育投入，解决城乡幼儿园总量不足和区域布局不合理问题，加强乡村小规模学校和乡镇寄宿制学校建设，深化职教融合和校企合作，加快建设教育强省。五是聚焦房子是用来住的、不是用来炒的定位，增加保障性租赁住房和共有产权住房供给，规范发展长租房市场，促进房地产市场平稳健康发展，切实解决城市住房问题。

数据链接

河北省决战脱贫攻坚取得决定性胜利，2018年、2019年连续两年在国家脱贫攻坚成效考核中获得"好"的等次，"两不愁三保障"问题动态清零，232.3万建档立卡贫困人口全部稳定脱贫，7746个贫困村全部出列、62个贫困县全部摘帽，空置率50%以上的1073个"空心村"全部得到治理，建立防止致贫返贫动态监测和帮扶机制。2020年，全省财政民生支出占一般公共预算支出的81.7%。抓好重点群体就业，城镇新增就业85.9万人；及时将因疫生活困难的2.6万人纳入低保、特困人员保障。改造完成老旧小区1941个，新改扩建农村公路6500公里、公办幼儿园307所、中小学校舍48万平方米、社区养老设施457所，在全省实行免费产前基因筛查，教育、卫生、社保、住房、养老等公共服务水平明显提升。

（二）"四创"：即创新，创业，创全国文明城市、国家卫生城市、国家森林城市，创平安河北、法治河北

一是以提升自主创新能力为重点，整合创新资源力量，解决碎片化问题，打好关键技术攻坚战，集中力量克服一批"杀手锏""卡脖子"技术，推进产学研用融合发展，大力发展科技领军企业和技术战略联盟，努力建设创新型河北。

"十三五"以来，河北省深入实施创新驱动发展战略，扎实推进科技体制机制改革向纵深发展，持续打造多主体协同、多要素联动、多领域互动的综合创新生态，整体发展速度进入历史最快阶段。科技进步贡献率从46%提高到60%，51项科研成果获国家科学技术奖励，获奖项目和等次创历史新高。科技创新三年行动计划实施以来，河北省综合科技创新水平指数从全国第24位增长到第20位，创新型河北建设取得显著成效。

二是坚持以激发市场主体活力为导向，落实创业补贴政策，降低小微企业创业担保贷款门槛，支持和促进重点群体创业就业，引导社会资源向创新创业支撑平台集聚，打造一批高水平双创示范基地，积极支持大众创业。

> **政策速递**
>
> **《2020届河北省高校毕业生就业创业政策措施》**
>
> 对符合条件的高校毕业生个人创业的，可申请不超过20万元创业担保贷款；对符合条件的高校毕业生合伙创业的，可申请不超过130万元的创业担保贷款；对符合条件的小微企业最高可申请不超过300万元创业担保贷款。
>
> 对毕业学年及毕业5年内高校毕业生初次创业的，可按规定给予5000元的一次性创业补贴。对毕业5年内高校毕业生初次创业的，可按规定给予最长不超过3年的社会保险补贴。
>
> 对毕业年度毕业生初次创办小微企业的，可按规定给予最长不超过3年、每年3000—5000元的租金补贴。对入驻创业孵化基地的高校毕业生创业项目，以及入驻高层次人才、高技能人才创业园的科技型小微企业，可按规定给予最长不超过3年的房租物业水电费补贴。对发展前景好、带动就业人数多的入驻企业和创业项目，孵化期可在原有3年基础上再延长1年。

三是以增强城市综合竞争力为方向，统筹抓好全国文明城市、国家卫生城市、国家森林城市创建活动。推进新时代文明实践中心建设，抓好窗口品牌服务建设。深入开展爱国卫生运动，深化城乡环境整治，全面推广城市和县城道路水洗机扫全覆盖，普遍推行垃圾分类，加强垃圾焚烧发电设施建设，严管严控食品药品安全，提高城市卫生水平。全面深化国土绿化行动，在"三沿三旁"大规模植树造林，打造环城绿化带和森林公园、郊野公园，提升生态环境质量，全面改善城市面貌、提升发展水平。

"十三五"时期,河北省扎实推进生态文明建设,大力调整产业结构、能源结构、交通运输结构,蓝天、碧水、净土保卫战成效显著。累计淘汰整治"散乱污"企业13.2万家,完成"双代"工程改造1125万户,PM2.5平均浓度从2015年的74微克/立方米降至44.8微克/立方米,降幅近40%。地表水国考断面全部消除劣V类,优良断面比例提高28.4个百分点。累计压减地下水超采量43.5亿立方米,新增国土绿化面积3954万亩,森林覆盖率从31%提高到35%,塞罕坝林场荣获联合国"地球卫士奖"。污染治理力度之大、环境改善速度之快前所未有,生态环境保护发生历史性新变化。

四是以贯彻总体国家安全观为牵引,落实国家安全责任制,推进市域社会治理现代化,完善社会矛盾预防和化解机制,制定出台雄安新区条例、节约用水条例等地方性法规,强化法治宣传教育力度,加强平安河北、法治河北建设。

党的十九大胜利闭幕不久后,以习近平同志为核心的党中央作出开展扫黑除恶专项斗争的决策部署,意义重大,影响深远。三年来,河北省委、省政府和全省各级各部门深入学习贯彻习近平总书记重要指示和党中央决策部署,坚持把开展扫黑除恶专项斗争作为重大政治任务,聚焦重点,统筹推进,全力攻坚,依法治理,取得了显著成效。始终坚持强化党的领导,构建五级书记一起抓的责任体系;强化依法严惩,严厉打击黑恶势力犯罪;强化"一案三查",深挖彻查黑恶势力背后的腐败问题和"保护伞";强化专项治理,不断改善全省营商环境和发展环境;强化基层工作,切实巩固党的执政基础;强化长效机制,平安河北建设迈出坚实步伐。

(三)"五优化":优化政治生态、优化经济结构、优化自然生态、优化营商环境、优化基层治理

加大优化经济社会发展环境力度,推进治理体系和治理能力现代

化。一是进一步优化政治生态，营造更加浓厚的干事创业氛围。深化党的创新理论武装，认真组织开展党史学习教育，深入学习贯彻习近平总书记给西柏坡镇北庄村党员同志们的重要回信精神，在全省开展"团结就是力量"学习教育活动；加强党的政治建设，坚决落实"两个维护"各项制度，深化纠正"四风"和作风纪律专项整治；坚持新时代党的组织路线，树立正确用人导向，加大干部交流和优秀年轻干部培养选拔力度，落实"三个区分开来"要求，激励干部新时代新担当新作为。

二是进一步优化经济结构，积极构建现代产业新体系。聚焦 11 个省级主导产业和 107 个县域特色产业，深化"万企转型"，促进传统产业数字化智能化绿色化改造，加快转型升级步伐。大力发展数字经济和办好中国国际数字经济博览会，推进产业数字化和数字产业化。加快发展战略性新兴产业、现代服务业和现代都市型农业，全面提升各类开发区能级和质量效益，做大做强沿海经济、城市经济、县域经济、民营经济。

名词解释

2019 年 5 月经党中央、国务院批准，由中华人民共和国工业和信息化部、河北省人民政府每年举办一届中国国际数字经济博览会，这是全国唯一以数字经济冠名的国家级展会。申请举办中国国际数字经济博览会，是省委、省政府加快数字经济发展，深化供给侧结构性改革的重要举措，是主动适应新时代对外开放新要求，搭建国家级、国际化、高规格的经济交流合作平台，实现创新驱动和高质量发展的重要内容。

河北省将以举办中国国际数字经济博览会为载体，搭建一个新经济、新业态交流合作平台，以推进经济数字化、数字经济化。同时，积极引进国际国内领军企业开展深入合作，培育一批数字制造、数据分析、数据应用企业，打造新的经济增长点。全省将通过中国国际数字经济博览会这一高规格交流展示和推广平台，积极探索数字经济发展新规律，打造行业更新、更准、更高的风向标。

三是进一步优化自然生态,加快建设天蓝地绿水秀的美丽河北。深化大气污染区域治理、水污染流域治理、土壤污染属地治理和地下水超采综合治理。加快综合治理华北"大漏斗"问题,大力置换水源,优化农业结构,全面推进节水行动。强化重点行业土壤环境监测,深化农业面源污染治理,加快无害化垃圾处置设施建设。加快绿色低碳发展,实现减污降炭协同效应。

法律法规解读

为生态雄安筑牢法治之基
——《白洋淀生态环境治理和保护条例》解读

加强白洋淀生态环境治理和保护,事关雄安新区高质量发展,事关人民群众福祉和水环境安全。2021年4月1日起,《白洋淀生态环境治理和保护条例》正式实施,这是贯彻落实习近平生态文明思想,加强河北生态文明领域法治建设的生动实践,是以地方立法方式保障雄安新区高起点、高质量建设发展的重要举措,是用最严密法治最严格制度实现白洋淀生态环境高水平、高标准治理保护的法律利器。条例共8章100条,从规划管控、污染治理、防洪排涝、修复保护、保障监督等方面对白洋淀流域生态环境保护和治理进行全面规范,是一部典型的小切口、大块头立法。条例结合白洋淀流域和区域实际,明确生态优先、绿色发展的绿色思路,统筹山水林田草淀城系统治理路径,紧紧围绕以淀兴城、城淀共融理念,坚持兴水利、防水患、治污染、保生态全面发力,推进白洋淀上下游、左右岸、淀内外全流域治理,有效恢复白洋淀生态功能,不断增强新区防洪功能。

四是进一步优化营商环境,促进市场公平竞争。深化"放管服"、投融资等重点领域改革,完善审批与监管联动机制,严格落实减税降费政策,全面落实"六稳""六保"任务,持续巩固拓展6个重点领域清

理规范成果，规范市场经济秩序，打造市场化法治化国际化营商环境。

河北省优化营商环境领导小组印发《2021年优化营商环境工作要点》，以最大限度满足市场主题需求为根本导向，以国际国内一流水平为标杆，围绕商事制度、投资审批、政务服务、新型监管、法治保障等领域提出了十大专项行动，包括40项工作任务和124项具体措施，力争全省营商环境进入全国一流行列。2021年，河北省市县三级已申请政务服务事项实现80%"最多跑一次"、100%网上可办（涉密或不宜网办事项除外）、80%以上掌上办、70%以上全程网办，106项高频办事服务套餐全部落地，用水、用气接入无外线工程的不超过4个工作日，有外线工程的不超过10个工作日（不含设计、施工、气密性试验、立项用地审批等时长），纳税缴费时间压减至110小时以内，万人发明专利拥有量超过5件，在2021年中国营商环境评价中更多指标成为全国标杆。

五是进一步深化基层治理，完善社会矛盾排查化解有效机制。"十四五"时期，要坚持党的全面领导，健全党组织领导的自治、法治、德治相结合的城乡基层社会治理体系，完善基层民主协商制度，建设人人有责、人人尽责、人人享有的社会治理共同体。健全农村"五位一体"和社区"六位一体"组织体系，打造网格化管理、精细化服务、信息化支撑、开放共享的基层治理平台，切实维护社会和谐稳定。

法律法规解读

让行政执法权利下得去
——《河北省乡镇和街道综合行政执法条例》解读

习近平总书记指出，基层强则国家强，基层安则天下安，必须抓好基层治理现代化这项基础性工作。2021年3月31日，省十三届人大常委会第二十二次会议审议通过《河北省乡镇和街道综合行政执法条例》，将于 2021 年 7 月 15 日起实施。条例共有 8 章 52 条，精准聚焦乡镇和街道综合行政执法行为，从执法机构、范围、机制、监督、法律责任等方面进行规范，着力破解综合行政执法改革推进中的难点堵点，使改革相关举措逐步纳入法治化轨道，是一部走在全国前列、具有河北特色的创制性法规。条例的制定是深入贯彻习近平法治思想、习近平总书记关于基层治理的重要论述精神，以及中央和省委关于加强乡镇和街道综合行政执法改革工作部署的重要举措。条例的出台对于深入贯彻落实中央和省委关于深化乡镇街道体制改革、完善基层治理体系要求，推进全省基层治理体系和治理能力现代化，全面提升基层治理效能，构建权责一致的基层综合行政执法体系具有重要意义。

四、切实推动"三重四创五优化"活动取得扎实成效

"三重四创五优化"活动作为推动"十四五"开好局起好步、开启社会主义现代化建设新征程的重要抓手，必须落地生效，切实增强政治自觉、思想自觉和行动自觉，以更大力度全面推进各项工作高质量发展。要坚持高标准高质量开展"三重四创五优化"活动，扎实推进"十四五"开好局、起好步。

（一）提高政治站位，深化思想认识

开展好"三重四创五优化"活动，离不开高度的政治责任感和使命感。一是深入学习研究"三重四创五优化"的具体内涵，坚持党的全面领导，坚持人民至上，坚持新发展理念，把各项重点工作融入"三重四创五优化"活动中，把年度工作任务与承担的"三重四创五优化"活动任务结合起来。二是进一步浓厚"三重四创五优化"宣传氛围，明确宣

传任务，突出特色亮点，向干部群众讲清"三重四创五优化"活动的重要意义、总体要求和政策措施，讲清楚省委、省政府对"三重四创五优化"活动的工作态度、决心和行动，讲清楚各地结合本地实际开展"三重四创五优化"活动的具体举措，讲清楚各地的先进经验做法。三是把"三重四创五优化"活动和党史学习教育、"团结就是力量"专题学习教育结合起来，把党史学习教育、"团结就是力量"专题学习教育作为开展好"三重四创五优化"活动的强大动力，把开展好"三重四创五优化"活动作为党史学习教育、"团结就是力量"专题学习教育的实际成效。

（二）加强党的领导，确保任务落实

党的领导是中国特色社会主义的最本质特征，是确保各项任务落实的根本保证。一是强化组织领导，完善责任体系。加强研究谋划，结合实际统筹安排、一体推进。明确工作职责，分工负责、条块结合、上下联动抓好落实。成立协调推进机构，牵头部门制定实施方案，加强指导调度，各责任单位认真履职尽责，落实时间表、路线图、责任人，有力有效推进工作。二是强化求真务实，切实改进作风。树立正确政绩观，坚持实事求是，把各项工作做深做细做扎实，坚决防止形式主义、官僚主义。积极改革创新，进一步解放思想，克服惯性思维和传统观念，善于用市场化的办法解决问题，创造性开展工作，有效化解矛盾、防范风险。勇于担当作为，坚持新官理旧账，知责于心、担责于身、履责于行，敢于直面问题，不回避矛盾、较真碰硬、攻坚克难。三是强化督查考核，狠抓工作落实。加强明察暗访，持续跟踪问效。强化考核结果运用，选树正反典型，严格落实奖惩。贯彻新时代党的组织路线，落实好干部标准，树立正确用人导向，激励各级干部担当作为。落实"三个区分开来"，宽容干部在工作中特别是改革创新中的失误错误，激发广大干部干事创业的积极性、主动性、创造性。

（三）夯实基层基础，抓好"三基"建设

基础不牢、地动山摇。全面加强基层组织、基础工作、基本能力建设。一是要加强组织领导，完善推进机制，推动人力物力财力向基层倾斜，帮助基层解决实际问题。二是要加快构建城乡基础设施一体化格局，加强城乡道路、电力、水利、天然气、通信建设，加快农村公交和客运体系建设，有效提高住房和供暖保障能力，提升城乡供水保障和污水无害化处理水平。三是要加快提升基本公共服务均等化水平，优化教育资源均衡配置，大力推进基层医疗卫生服务提质提效，构建多层次社会保障体系。四是要加快推动产业体系现代化发展，突出抓好粮食和种源安全，坚持严守耕地保护红线，推进一二三产业融合发展，完善多元增收机制。五是要加快实施人居环境洁净化工程，加强环境卫生综合整治，推进山水林田湖草系统治理，打造美丽乡村、特色小镇和美丽社区、精品街道。六是要加快推进基层社会治理法治化进程，完善社会矛盾纠纷多元预防调处化解综合机制，推动法律进乡村。七是要加快促进基层组织建设科学化规范化制度化，提升基层党组织政治功能和组织力，形成党组织领导的自治法治德治相结合的城乡基层治理体系，夯实党的执政基础，打通贯彻落实党中央决策部署的"最后一公里"。

"三重四创五优化"活动覆盖面广、内涵深刻。全省广大党员干部应坚持以习近平新时代中国特色社会主义思想为指导，不忘初心、牢记使命，扎实认真开展"三重四创五优化"活动，推动"十四五"开好局、起好步。

后　记

　　参与本书编写工作的同志有：河北省社会科学院刘来福、郑英霞、张艳、赵向东、秘斯明。河北省社会科学院经济教研处（金融财税研究中心）处长刘来福同志具体协调了书稿的编写和出版工作，二级调研员郑英霞同志具体协调了书稿的修改工作。

　　本书在编写过程中，河北省社会科学院副院长袁宝东同志审定了编写提纲，并对全书进行了统稿。河北省社会科学院院长康振海同志对全书进行了最终审定。

　　本书在编写过程中参阅了大量资料和文献，力求科学分析、精准阐释国家和河北省相关经济政策，并提出操作性较强的对策性建议。由于时间和水平有限，难免有不妥之处，敬请读者批评指正。

编　者

2021 年 8 月